本书系全国教育信息技术研究课题
“教育信息化背景下，中学历史教师的专业发展”（课题立项号：173440002）研究成果

中学历史教师专业发展的路径研究

ZHONGXUE LISHI JIAOSHI ZHUANYE FAZHAN DE LUJING YANJIU

夏东平◎著

安徽师范大学出版社
·芜湖·

图书在版编目（CIP）数据

中学历史教师专业发展的路径研究 / 夏东平著 .— 芜湖：安徽师范大学出版社，2020.1

ISBN 978-7-5676-4241-6

Ⅰ.①中… Ⅱ.①夏… Ⅲ.①中学历史课－师资培训－研究 Ⅳ.①G633.513

中国版本图书馆CIP数据核字（2019）第263396号

中学历史教师专业发展的路径研究 夏东平◎著

责任编辑：孙新文 牛 佳 责任校对：蒋 璐
装帧设计：张 玲 责任印制：桑国磊
出版发行：安徽师范大学出版社
芜湖市九华南路189号安徽师范大学花津校区
网 址：http://www.ahnupress.com/
发 行 部：0553-3883578 5910327 5910310（传真）
印 刷：江苏凤凰数码印务有限公司
版 次：2020年1月第1版
印 次：2020年1月第1次印刷
规 格：700 mm×1000 mm 1/16
印 张：10
字 数：162千字
书 号：ISBN 978-7-5676-4241-6
定 价：36.90元

前　言

习近平总书记在2014年9月考察北京师范大学时强调，百年大计，教育为本；教育大计，教师为本。国家繁荣、民族振兴、教育发展，需要我们大力培养和造就一支师德高尚、业务精湛、结构合理、充满活力的高素质专业化教师队伍，需要涌现一大批好老师。

随着新课程改革的不断推进，课程的政治性、史实性对教师政治站位和业务素养提出了更高的要求。这就要求教师在实践中不断学习。新课程改革倡导自主学习、合作学习和探究学习，每个教师在知识结构、思维方式和认知能力等方面都存在个性差异，这就需要教师学会分享彼此的经验，开展交流与合作，以推进教师的专业发展。

《普通高中历史课程标准(2017年版)》提出学科核心素养，该课程标准的颁布施行对中学历史教学专业发展提供了难得的机遇。历史学科核心素养的提出，对中学历史教师最大的挑战就是不能再单纯地从历史学科的角度来理解历史教育，而必须从人的素养提升的角度来理解。简单来说，就是为学生的素养而教，而不是为了历史学科而教。这意味着历史教师在观念上、思维方式上和操作方法上都会发生非常重大的改变。教师要想取得专业发展，必须具有发展意识及主动学习的精神。教师的发展意识是自我专业发展的内在动力，能最大限度发挥教师自身在专业发展中的主观能动作用，同时也可促使教师自我专业发展能力的形成。只有教师时刻保持发展意识，才能不断实现专业发展、不断取得成长。

随着新课程改革不断推进，教育教学质量得到提高的关键在于教师的水平，因此提高教师的专业素养就显得尤为重要。联合国教科文组织认为，教师应掌握“应该教的知识和如何教授这些知识”。如果对于“应该教的知识”尚且认识不清，那么“如何教授这些知识”便失去了存在的价值。

“应该教的知识”非常广泛，而学科专业知识与信息化技术的结合无疑是其中最重要的课题。美国哲学家、教育家杜威曾经说过，要成为合格的教师，“第一个条件需要追溯到他对教材具有理智的准备。他应当有超量的丰富的知识。他的知识必须比教科书上的原理，或任何固定的教学计划更为广博。”可以说，教育者的知识更新与观念更新同等重要，甚至知识更新更加刻不容缓。一位优秀的中学历史教师，应该是一位学识丰富和具有研究能力的人。当前，随着历史教学改革深入推进以及对历史教学专业性要求的不断提高，历史教师的专业发展就显得更为关键。提高历史教师的专业发展，重要的途径就是要重视和加强史学知识与现代技术的结合，了解史学界关于历史教学内容的新观点、新论述、新材料、新资源，基于历史课程标准、历史教科书和学生实际情况，将史学研究成果与现代教育技术深度融合，促进历史教学，促进教师的专业发展。党的十九大报告明确提出要“培养高素质的教师队伍”，坚持立德树人的教育方向，更新教育教学观念，优化专业知识结构，提升教育教学能力，推动教师专业发展。

目　录

第一章　教学设计——教师专业成长的起点 ……………………………1

第一节　教学设计中的主题教学:以“现代中国教育的发展”为例 …………2

第二节　教学设计中的历史感悟:以“鸦片战争”为例 ……………………8

第三节　教学设计中的创设历史情景:以“国共的十年对峙”为例 …………17

第四节　教学设计中的抓住知识“关节”:以“近代中国经济结构的变动”为例 ……………………………………………………25

第五节　教学设计中的思想主题:以“从‘师夷长技’到维新变法”为例 ……38

第六节　教学设计中的学生参与:以“民主政治的扩展”为例 ……………49

第二章　课堂教学——教学立意与教学方法 ……………………………57

第一节　教学立意与课堂教学 ……………………………………………58

第二节　课堂教学有效性研究 ……………………………………………67

第三节　课堂教学与实证史料 ……………………………………………72

第四节　优质课评比:课堂教学的展示 ……………………………………81

第三章　研究高考——复习备考的有效性 ………………………………88

第一节　高考历史命题趋势研究 …………………………………………88

第二节　历史备考策略研究 ………………………………………………95

第四章　论文写作——历史教学的研究性 ………………………………103

第一节　教学论文写作概述 ………………………………………………104

第二节　研究性学习教学案例 ……………………………………………106

第五章　课题研究——教学研究的方向性 ……112

第一节　选题:坚持问题导向 ……112

第二节　过程:教学研究并进 ……121

第六章　素质教育——促进学生全面发展 ……131

第一节　科技创新:注重学生个性化发展 ……131

第二节　自主招生:不一样的高招 ……138

第三节　高考志愿:生涯规划进行时 ……145

后　记 ……152

第一章　教学设计——教师专业成长的起点

在课堂教学中，如何提高学生的学习质量，增强学生的学习兴趣，使学生积极主动地参与教学全过程，这是教师教学主要研究的内容之一。

在课堂教学中，坚持学生是学习的主人，把学生看成平等的、共同探讨问题的小伙伴，从而与学生之间形成相互尊重与信任的支持型氛围，让学生真正拥有一个能够学习的环境，学生才会有学习积极性。在课堂学习中，“说”是学生学习思维外显性行为。那么，教师就可以以“说”为突破口，在课堂中创设让学生“说”的氛围。首先，教师要鼓励学生“敢说”“大声说”“人人说”。提倡“敢说”主要考虑到为性格内向的学生，暂时学习困难的学生打开“放胆”的通道。对学生尚未思考成熟的观点，不刻意追求完善，而是鼓励他们敢于表达。“大声说”旨在培养学生直言不讳、乐于主动探究的精神。“人人说”体现了面向全体学生，促使学生主动参与教学过程的指导思想。其次，教师要鼓励学生“正确地说”“流利地说”“愉快地说”，促使学生不但乐于阐述自己的见解，而且将自己的见解不断趋于正确、完善。通过“说”使学生增强学习的积极性，在自主探索、研讨与创新中真正成为学习的主人。

学生对学习有浓厚的兴趣，就能喜欢学习；上课能积极参与，就能精力集中；在学习过程中能自觉学习，就能提出各种疑难问题，勤于请教；能积极参加学习小组的讨论研究，就能设法解决有一定难度的题目，并且主动地寻找具有挑战性的学习任务。他们的学习目标已不是为了分数，而是切切实实地掌握和运用知识。

课堂教学是一门很深的学问，具有极强的艺术性。为了提高课堂教学的有效性，教师还要不断学习、不断反思、勤于总结、不断实践，多向有经验的教师学习。精心打造教学课堂，真正提高课堂教学的质量，切实提高学生学习的质量，达到事半功倍之效果，与新课程共同成长。

第一节　教学设计中的主题教学：以“现代中国教育的发展”为例

课程标准

了解我国教育发展的史实，理解“国运兴衰，系于教育”的深刻含义。

教材分析

本课教材内容主要从三个方面向学生介绍了现代中国教育的发展状况：人民教育的奠基、动乱中的教育和教育的复兴，全面讲述了新中国教育的三个阶段。通过我国现代教育发展的史实，使学生理解“国运兴衰，系于教育”的深刻含义。

学情分析

学生学习过人教版高中历史必修1第20课《新中国的民主政治建设》、第21课《民主政治建设的曲折发展》和必修2第11课《经济建设的发展和曲折》、第12课《从计划经济到市场经济》、第13课《对外开放格局的初步形成》，对新中国成立后的政治、经济史实基本掌握，同时作为在校学生，对教育发展史实和教育的意义会格外关注。

任务分析

根据课标要求，本课有两个主要任务，一是了解我国教育发展的基本史实，了解新中国教育的三个阶段；二是理解“国运兴衰，系于教育”的深刻含义。组织学生进行问题探究，努力将史实运用、历史比较、现实感悟、交流对话等目标贯穿在问题的探究过程中，从而理解“国运兴衰，系于教育”的深刻含义，树立“知识改变命运，读书成就人生”的信念，激励学生成人成才，报效祖国。

教学目标

一、知识与能力

1.识记：新中国人民教育的基本史实，包括新中国成立后创建人民教育事业的措施和方针；恢复高考及“科教兴国”战略；改革开放以来，我国所取得的教育成就。

2.理解党的路线、方针、政策与教育蓬勃发展的关系；综合国力竞争日益激烈下，必须发展教育，培养人才，迎接挑战。

二、过程与方法

1.分析图表：新中国头十七年教育与旧中国教育发展的比较，明确其原因。

2.资料回放：新中国教育取得初步成效的相关图片，改革开放以来我国所取得的教育成就，“希望工程”等相关图片，让学生直观感受我国教育发展的轨迹。

3.问题探究：对比美国、日本等发达国家经济增长模式的差异，探究其间的变化实质，让学生明确教育在国民经济中的重要性。

三、情感态度与价值观

1.新中国成立后政府采取一系列措施，建立起人民的教育事业，培养学生正确的教育观和人生观，树立为中华崛起而读书的历史责任。

2.“科教兴国”战略是振兴中华民族的必然选择，是我国的基本国策。

3.综合国力的竞争实际上是人才和教育的竞争，教育是一个民族最根本的事业。

四、教学重点和难点

重点：社会主义教育发展道路的探索，迎接挑战的措施。

难点：社会主义教育发展探索中成败的原因，教育与经济发展和社会全面进步之间的辩证关系。

设计思路

本课表格、图片等资料丰富，在教授新中国教育发展三个阶段时穿插一些资料，并设计一些思考题，使学生在感性认识的同时，进行理性思考，最终引导学生认识到世界各国的竞争取决于综合国力，而综合国力的竞争实际上是人才和教育的竞争。教育是一个民族最根本的事业，理解“国运兴衰，系于教育”的深刻含义。

教学过程

展示材料：

展示淮北市实验高级中学、淮北市实验学校、淮北市首府实验小学、淮北师范大学等淮北市城南教育的新发展，引导学生从身边教育的发展出发关注现代中国教育的发展。

一、人民教育的奠基

指导学生自主学习，并填写知识结构表格。

表1-1　新中国教育政策与历史影响

<table>
<tr><th>时代背景</th><th>具体措施</th><th colspan="2">影响</th></tr>
<tr><td rowspan="2">新中国成立</td><td>①接管改造旧教育，创建社会主义新教育。</td><td>教育事业回到人民的手中。</td><td rowspan="4">逐步形成比较完整的国民教育体系，培养了大批素质较高的劳动后备军和德才兼备的建设人才。</td></tr>
<tr><td>②1949年底，第一次全国教育工作会议召开，会议确立教育要为国家建设服务，学校要向广大工农开门，大力提高人民的文化水平。</td><td>确定了教育发展的方向。</td></tr>
<tr><td rowspan="2">进入全面建设社会主义时期</td><td>①制定新中国的教育方针。</td><td>确定全面发展的教育方针。</td></tr>
<tr><td>②发展全日制学校教育，建立半工半读的学校教育制度。</td><td>扫除文盲，培养人才。</td></tr>
</table>

教师根据学生填写的内容讲解这一时期重要的教育方针和具体措施，并总结影响，即逐步形成比较完整的国民教育体系，培养了大批素质较高的劳动后备军和德才兼备的建设人才。

探究：引导学生结合人教版高中历史必修3中的教材第100页“学思之窗”的“新中国头十七年教育与旧中国教育发展的比较”表，思考新中国的教育事业有了哪些发展？为什么取得较快发展？

解题关键：新中国头十七年我国教育事业硕果累累。

思路引领：中国教育事业有较大的发展，逐步形成教育体系；培养了大批建设人才；奠定了教育发展的坚实基础。

教师概括指出：①逐步形成从小学到大学，从全日制教育到半工半读教育等比较完整的国民教育体系；②培养了大批素质较高的劳动后备军和德才兼备的建设人才。

原因：制定并全面贯彻了正确的教育方针。

二、动乱中的教育

教师引导学生观察和了解历史图片的内容，通过对话认识“文化大革命”时期广大青年学生的多舛命运。

思考：这种曲折出现的原因是什么？

组织学生讨论，进而根据课文整理要点：

这种曲折出现的原因："左"的指导思想的影响，"文化大革命"的影响。

表现：学校停课，教育战线一片混乱；1966年废止高考制度；70年代招收不需要文化课考试的"工农兵学员"。

教育遭到的破坏及不良影响：整个民族文化素质下降，中国教育与发达国家的差距拉大。

材料呈现：

材料一　据统计，十年间中国至少少培养了200万中专毕业生和100万大学毕业生。据估算，十年中的中国国民经济损失约5000亿元。

材料二　二战后，日本教育开始实行9年免费义务教育制度。1957年获理工农医专业博士学位的占博士总数的88%。1965—1970年培养出19万工科中级技术人员。

——刘天纯《日本改革史纲》

材料三

表1-2　二战后日本国内生产总值的增长　（单位：亿美元）

年份	1952	1963	1970	1976
产值	173	682	1969	5544

——《国外经济统计资料(1949—1976)》

探究：阅读材料一至材料三，你感触最深的是什么？

三、教育的复兴

展示材料：

反映1977年高考制度恢复的历史图片。

教师引导学生观察图片，并浏览人教版高中历史必修3教材第101页中"历史纵横"部分，了解1977年高考中的一些生动故事。

思考：这些学生为什么能有机会参加高考考试？

教师在学生回答后指出：恢复高考是我国教育事业发展取得重大成就的标志之一。指导学生们阅读课文进行分析，在新时期党中央和人民政府为复兴教育采取的措施。

1.“文革”结束后，邓小平拨乱反正，全面整顿。恢复高考制度，组织编写新教材，倡导尊师重教。

2.20世纪80年代，邓小平提出“教育要面向现代化，面向世界，面向未来”的指导方针。

3.改革开放后，邓小平提出确立教育优先发展的战略地位，大量增加教育投资。实行“科教兴国”的发展战略。

4.加快教育改革的步伐。

(1)基础教育方面：普及义务教育，制定《义务教育法》

(2)中等教育方面：实行普通教育与职业教育并举

(3)高等教育方面：增设新兴的边缘学科专业，建立学位制度，改革高校招生与分配制度

(4)扩大学校办学的自主权，社会办学应运而生

5..20世纪90年代，为推动高等教育发展实施“211工程”计划。

6.启动“希望工程”。

7.加大西部教育发展的力度。具体做法：国家出资支持西部一批高校建设，并在西部近200个县建立职业教育中心；增加少数民族地区教育经费，大力推动少数民族地区教育的发展。

思考：如何理解“三个面向”这一新时期的教育指导方针？

教师在学生回答基础上总结：面向现代化是其中的主体和核心，是“三个面向”的基本出发点和归宿，而面向世界是面向现代化在空间上的扩展，面向未来是面向现代化在时间上的延伸。

探究：分析教育在社会经济发展中的作用？

材料一　我们国家，国力强弱、经济发展后劲的大小，越来越取决于劳动者的素质，取决于知识分子的数量和质量。一个十亿人口的大国，教育搞上去了，人力资源的巨大优势是任何国家比不了的……

教育是一个民族最根本的事情。

——邓小平

探究：学生结合过去十多年的求学经历，针对“为什么我们的学校总是培养不出杰出的人才？”的“钱学森之问”，分析当前教育存在的问题并

提出建设性的意见。

四、板书设计

一、人民教育的奠基
二、动乱中的教育
三、教育的复兴
1. 措施
2. 原因
3. 探究：教育与科技、经济之间的关系

教学反思

讲授本课切忌只是进行知识的罗列堆砌，一定要使学生认识教育与科技、经济之间的关系，认识综合国力的竞争实际上是人才和教育的竞争，教育是一个民族最根本的事业，理解“国运兴衰，系于教育”的深刻含义，同时引导学生关注教育、关注教育改革。

第二节　教学设计中的历史感悟：以“鸦片战争”为例

教材分析

本课主要包含两方面的内容：鸦片战争和第二次鸦片战争。鸦片战争打开了中国大门，第二次鸦片战争是鸦片战争的继续和扩大。只有全面、深刻分析鸦片战争爆发的原因，才能更好地把握以《南京条约》为主的一系列不平等条约的内容，从而认识鸦片战争给中国带来的深远影响。

学情分析

本课是人教版高中历史必修1第10课《鸦片战争》。对于本课内容学生比较熟悉，如无教学新意和教学深度，学生学习起来可能会丧失兴趣，也可能仅仅局限于了解历史事件的表象，而忽略了更深刻、更理性的认识。因此，本节课既要调动学生积极融入课堂教学，又要引导学生认识事件的本质，培养其全面辩证分析历史事件的能力。

教学目标

一、知识与能力

1. 了解战前中英两国的基本国情。
2. 分析鸦片战争爆发的原因。
3. 理解鸦片战争对中国的影响。

二、过程与方法

1. 通过多角度呈现史料，引导学生分析鸦片战争爆发的原因、影响。
2. 教师设计合作探究引导学生合作探疑、相互讨论，学生在合作中提升学习能力，并深刻理解不平等条约的危害。
3. 教师运用近代化史观，指导学生自主学习，培养学生学科素养。

三、情感态度与价值观

1. 学生通过对鸦片战争爆发原因、影响的学习，认识到多角度、全面看问题的重要性，培养学生历史学科素养。
2. 理解弱国无外交，国弱导致外交弱，培养学生积极进取、开放包容的人生观。

四、教学重点和难点

重点：鸦片战争爆发的原因，《南京条约》及其附件的内容、影响。

难点：分析《南京条约》及其附件的影响。

教学策略

1. 通过展示图片带来视觉冲击，激发学生学习兴趣，使学生产生疑惑。让学生在疑中学，在思中辩，在悟中解。

2. 选择多角度看待鸦片战争，让学生理解历史发展是多因素合力推动的结果。让学生学会通过不同角度，运用多种史观全面认识和分析历史事件。

3. 设计问题探究、合作探究等一系列渐进式的问题，引导学生掌握解决问题的方法。

4. 学生自主学习、探究问题为主与教师适当引导、归纳、总结为辅二者相结合的方法建构知识体系。

设计思路

本课设计理念：求真求实，多角度看待鸦片战争，呈现不同角度的鸦片战争。本着这一理念将本课内容整合为：一、渐行渐远——战争前的中国与英国；二、强取豪夺——《南京条约》及其附件的签署；三、悲痛耻辱——半殖民地半封建社会的开端；四、痛定思痛——国门洞开之后的"觉悟"。通过本课学习，希望学生获得这样的认识：落后导致战争的失败，外交的失败加重了战争的后果，导致更加落后；失败后还未觉醒，二十年光阴白白丧失更令人扼腕痛惜。

设计特色

依据课程标准、学情从多角度出发看待鸦片战争，呈现不同角度的鸦片战争，确定求真求实的设计理念，并将该理念贯穿于教学设计中。精选史料引导学生站在当时历史背景下，客观理解和看待鸦片战争。并运用问题探究、合作探究、自主学习等学习方法，提高学生历史学科素养和学习能力。

教学过程

多媒体展示两幅图片（图略）。

一是鸦片战争前，浙江、广东沿海地区中国人绘制的外国人形象图；二是1792年英国政府派马嘎尔尼代表团觐见乾隆皇帝图。

请学生仔细观察这两幅图，谈谈感想。

预设答案：不可思议，为什么把外国人描绘成怪物和小矮人？可笑，当时中国人愚昧无知；痛心，当时中国人思想太落后。

教师引导学生小结：看过之后我们不禁疑惑，鸦片战争前，中国人为何将外国人描绘成怪物或小矮人？这种观念会对当时的中国产生什么影响？让我们带着这些疑问进入今天的学习——《鸦片战争》。

设计意图：通过展示图片让学生产生感官刺激，激发学生质疑心理和学习兴趣，顺利导入新课。

一、渐行渐远——战争前的中国与英国

1.鸦片战争前中国人眼中的世界

材料呈现：

材料一　1793年（乾隆五十八年），英国政府派遣马嘎尔尼率领一个大型代表团出使中国。英国政府呈献给乾隆皇帝的礼物，其中包括：天体运行仪、天球仪、地球仪、望远镜、派克司透光机、玻璃制品、连珠炮、榴弹、毛瑟枪以及架在车上的小铜炮及带有的一百一十门火炮装备的巨大军舰模型等。

材料二　译出单内所载物件，俱不免张大其词。此盖由夷性见小，自为独得之秘，以夸炫其制造之精奇。……至尔国所贡之物，天朝原亦有之……

——《大清高宗纯皇帝实录》

探究：英国政府准备呈献给乾隆皇帝的礼物绝非一般贡物，差不多把英国最新科学技术的尖端产品倾囊携来，为何就没有引起乾隆皇帝和大臣们的关注与觉悟呢？你能理解鸦片战争前清朝统治者为何要将外国人描绘成怪物或小矮人了吗？

预设答案：清朝统治者"天朝上国"的优越心态，对化外之邦的蔑视；闭关锁国带来的落后。

教师引导学生小结：在很长一段时期内，清朝统治者都是把自己的国家视为整个世界的中心，代表着文明世界的极致，是所谓的"天朝上国"。而周边的小国除了那些倾心中华岁岁进贡的藩国之外，统统是些野蛮鄙陋的"夷狄"，他们都生活在"圣教所不及之地"。这种对自己种族文明极端自负的文化心态带来的直接结果就是"妖魔化"外国人，对英国先进的科学技术及成果视而不见。落后腐朽的政治加上闭关锁国的无知，使国家越来越落后。

设计意图：通过材料呈现紧扣课堂导入，引导学生由感性认识上升到理性认识。使学生理解闭关锁国政策蒙蔽了当时中国人的眼睛和心灵，清朝的统治者仍在做着"天朝上国"的美梦。通过进一步引导学生思考又是什么原因让清政府此时仍固守闭关锁国政策，最终使学生理解是落后的经济和政治形态导致了这一切后果。

2.鸦片战争前外国人眼中的中国

材料呈现：

材料三　中国在表面强大的背后是泥足巨人，很软弱。

——[英]阿美士德

材料四　决不能对他们磕头……这是过去常常容易重犯的恶习……他们应该在适当的时间和地点，以极大的坚韧和审慎，维护别国的尊严和权利，这些国家以其财富和人民的力量已拥有无限的优越性。

——[美]石约翰《中国革命的历史透视》

探究：作为英国使者的阿美士德为什么会认为当时的中国是"泥足巨人"？

预设答案：学生可能从政治、经济、军事等方面对比中英两国。

教师引导学生列表总结：

表1-3 鸦片战争前中英两国国情的比较

	中国	英国
政治	封建主义 政治腐败	发达的资本主义国家
经济	落后的自然经济 财政入不敷出	完成了工业革命 商品经济发达
外交	闭关锁国 愚昧无知	殖民扩张 侵略世界
军事	装备陈旧 营务废弛	船坚炮利 海上霸主
综合	封建统治危机四伏	资本主义统治下国力强盛

教师讲述：中国这个曾经屹立在世界东方，文明发展从未间断的古国，进入16、17世纪就开始跟不上历史脚步，18、19世纪时，它已与世界渐行渐远。而率先完成工业革命综合国力强大的英国，需要市场、原料，为什么不能用正常贸易交流来实现呢？

预设答案：英国正常贸易受中国自然经济和闭关锁国政策的影响，长期处于贸易逆差状态。

教师引导学生小结：鸦片战争爆发根本原因是工业革命后英国要扩大销售市场和原料产地，但清政府实行闭关锁国政策，仅准许广州一口通商，而且在中英两国正常贸易中，英国处于入超地位，为了扭转贸易逆差，英国对中国走私鸦片，而中国的禁烟运动成为英国发动战争的借口。

设计意图：通过中英两国不同角度的比较，将鸦片战争置于全球视野之下，通过对比体现中英两国的差距，以此帮助学生理解鸦片战争爆发的原因。

二、强取豪夺——《南京条约》及其附件的签署

材料呈现：

材料一 《南京条约》及其附件的主要条款。

(1)割地。把香港岛割让给英国。

(2)赔款。赔偿英国款项总计2100万银元。

(3)五口通商。将中国沿海城市广州、福州、厦门、宁波、上海开辟为通商口岸。

(4)协定关税。将海关税则详细载明于条约，非经两国同意不能修改。

(5)领事裁判权。倘遇有(中英两国人)交涉词讼……英人如何科罪,由英国议定章程法律,发给管事官照办。

(6)片面最惠国待遇。中国今后如有“新恩施及各国,亦准英人一体均沾”。

探究:英国为何会提出这些要求?

预设答案:学生合作讨论,在学生回答基础上,展示材料帮助学生解惑。

针对“英国为何会提出这些要求?”这一问题,教师展示材料。

材料呈现:

材料二　这五个城市都在中国南方,不像天津一样,位置过于靠近国都而显得特别敏感,这样使清政府和清朝国民容易接受,从而使停战谈判显得较为顺利,用最小的代价,实现最大的利益。

——《英国档案有关鸦片战争资料选译》

教师小结:1840年前后英国率先完成工业革命,工业革命带来生产力的巨大提高。英国资本主义发展需要更加广阔的市场和廉价原料。《南京条约》中的条款体现出英国对中国市场的渴望,五口通商反映了当时英国最迫切的要求。本来1842年8月29日所签订中英《南京条约》的条款里并没有涉及“领事裁判权”问题。清政府官员耆英等一干人等遵照道光帝的训示向英国代表璞鼎查发出照会,导致了“领事裁判权”这一“怪胎”在近代中国的落地生根。当然,耆英等人的照会和正式的条约文本毕竟还是有一定的区别。但不久之后,以英国为首的西方列强就据此把“领事裁判权”问题写进了清政府与西方列强所签订的不同的条约里面,使得这一制度以政府间正式的条约形式被固化下来。

开放通商口岸和关税协定破坏了我国贸易和关税自主权,但在客观上有利于我国自然经济解体,民族资本主义产生。割地、赔款、领事裁判权对中国百害而无一利。《南京条约》及其附属条约破坏了我国主权完整,使我国开始沦为半殖民地半封建社会。正像茅海建在《天朝的崩溃:鸦片战争再研究》一书中所指出的:“生活在天朝中的人们,自有一套迥然相别的价值标准,另有一种平等观念。”清统治者认为战争结束后,条约签订,一切如旧,又可以做“天朝上国”的美梦。这显示出清统治者对近代国际知识的缺乏,因此看不到民族利益和国家利益所在。落后导致战争的失败,外交的失败又加重了战争的后果，导致更加的落后。

过渡：《南京条约》及其附属条约的签署，破坏了我国主权的完整，使中国开始沦为半殖民地半封建社会。

设计意图：合作探究问题的设计是想通过中英两国的对比看待《南京条约》及其附件，得出不同认识、理解，凸显清政府对近代外交无知的一面，外交失败加剧中国民族危机。

三、悲痛耻辱——半殖民地半封建社会的开端

1.概念解释

所谓半殖民地，是相对于殖民地而言的，是指丧失了部分的而非全部的独立自主权。它是指一个国家形式上有自己政府，但是实际上在政治、经济等各方面都在一定程度上受到外国殖民主义的控制和奴役的社会形态。即主权不能完全自主。

所谓半封建，也是相对于完全封建而言的。它是指形式上仍是封建统治和自然经济占主导地位，实际上社会状态已逐渐近代化，资本主义经济、政治、思想文化等因素在不断发展壮大，既保存了封建主义，又发展了资本主义。

2.案例分析

材料一 杭州有个中学，几个高一学生在一起吃饭，其中一个说，我发现课本上一个错误。另外的同学兴趣一下子上来了，心里想，他竟然发现教材有问题，高啊。这个同学吊胃口地问：你们发现里面的问题没有？几个人疑惑。他说：半殖民地肯定是不好的了，这半封建意思是中国开始了近代化，这可是一种进步啊！其他几个同学听后点点头，说“对啊”。他又说，这半殖民地可以用“沦为”，这半封建也用“沦为”难道不是错误吗？几个同学一听，恍然大悟，连说，聪明聪明。

探究：你觉得发现问题的同学说的有没有道理？并说明理由。

教师引导学生小结：半殖民地半封建社会体现在政治、经济、思想等方面，不是政治上体现半封建，经济上体现半殖民。半殖民地半封建社会指的是国家部分主权丧失，这给中国带来系列灾难和痛苦。

设计意图：概念知识是历史知识重要组成部分，它反映着历史事物、现象的本质属性和历史规律。对“半殖民地半封建”概念的理解有助于学生辩证看待西方列强对中国的侵略，更好的理解全球史观和近代化史观。

四、痛定思痛——国门洞开之后的“觉悟”

材料呈现：

材料一　战争结束后，当得知英军已经撤出长江，道光皇帝的第一个反映就是下令沿海各省撤军，清政府的军政大员弹冠相庆。有人形容当时文恬武嬉的状态：“大有雨过忘雷之意。”中国的一切仿佛又回到原点。

——《复兴之路》

材料二　第一次鸦片战争后的二十年间，《海国图志》虽经数次再版，但大部分的知识分子和普通民众并不了解这样一部著作，其传播范围仅限于一些官僚士大夫，而在这些为数不多的览阅者之中，他们大多对这部著作和“师夷长技”的思想主张未有重视甚至予以否定。

——吴小玮《前教育现代化时期的落差——以〈海国图志〉在中日两国的传播为例》

探究：鸦片战争之后国人觉悟了吗？战争真的结束了吗？

教师引导学生小结：从材料中我们看到鸦片战争后中国人并未觉悟。鸦片战争只是近代列强侵略中国的开始，战争还将继续。请同学们根据学习鸦片战争的方法自主学习第二次鸦片战争。

自主学习：了解第二次鸦片战争爆发的原因、经过及结果。

分析《天津条约》和《北京条约》造成的危害。

设计意图：教会学生学会学习是教师教学主要目标之一。学生依据讲授方法自主学习，锻炼学生自主学习能力，提高学生历史学习能力。

教师引导学生总结：鸦片战争的军事失败还不是民族致命伤，失败以后还不明了失败的理由力图改革，那才是民族的致命伤。历史的悲剧在第一次降临时，人们往往漠然盲目，只有在悲剧重演时人们才会感到切肤之痛。第二次鸦片战争使部分国人感受到这种痛苦，痛定思痛，中国开始向西方学习先进的科学技术，中国终于迈出了近代化的第一步。

教学反思

本节课存在问题：

1. 学生在思考问题时存在思维定式，不能勇于表达观点。

2. 关于鸦片战争的相关史料较多，教师选择史料时要思考如何取舍才能符合学生认知水平，才能培养学生历史学科素养和学科能力。

解决措施：

1. 教师选择史料创设情境，鼓励学生勇于表达观点。

2. 教师以史料为依据，以培养学生历史学科素养为目的，通过对史料的辨析，将符合史实的材料作为证据，进而引导学生形成对鸦片战争正确、客观、全面的认识。

第三节　教学设计中的创设历史情景：以“国共的十年对峙”为例

教材分析

《国共的十年对峙》是人教版高中历史必修1的第15课，起着承上启下的作用。教材主要讲述了中国共产党在大革命失败后到1937年全面抗日战争爆发期间，创建了人民军队，建立了政权，形成了和国民党政府对峙的局面。在这期间中日两国民族矛盾的激化引起国共关系的变化。

学情分析

学生的发展状况和理解能力差异较大。学生形象思维能力强，有一定的阅读能力，对问题有自己的看法，但是部分学生学习习惯较差，缺乏持久力，且抽象思维能力较弱。学生已知国共十年对峙时期的一些基本史实，却停留在对一些历史事件表象的分析上。在学生原有基础上，加大教学深度，利用史料，增设细节，创设情境，融入整体史观等科学史观，引导学生多角度的观察、认识国共十年对峙期间的一些历史事件，进而增进对历史的理解，拓宽视野，以期提升学生分析问题、解决问题的能力，从而提升历史学科素养。

教学目标

时空观念：学生在对红军长征进行独立探究的过程中，能将其置于具体的国际大背景和地理环境下去分析长征的胜利原因。

史料实证：学生在探究“工农武装割据”形成的原因，长征发生、胜利的原因时，能够对史料进行整理和辨析；通过对不同类型史料的分析，对所探究的问题进行互证，形成对历史事件原因更全面、丰富的解释。

家国情怀：通过本课内容的学习，让学生了解到在那种艰苦卓绝的斗争环境下，中国共产党人不屈不挠的斗志和精神，学习井冈山精神和长征精神。

设计思路

为了让学生对本课形成完整的知识结构，便于突破教学重难点，拟将本课内容重新整合成以下内容：一、军叫工农革命，旗号镰刀斧头——“工农武装割据”的形成；二、不到长城非好汉，屈指行程二万——红军长征。

在国际大背景视角下认识中国共产党成功的原因，了解革命道路的曲折艰难。

设计特色

引导学生从不同视角出发，了解在国际大背景下中国共产党成功之道，从而认识革命道路的曲折艰难。

在教学目标上引入新的学术研究成果及相关史料，通过情境与问题的设置调动学生的思维，引导学生在国际大背景视角下认识中国共产党成功的原因，发挥学生的主体作用。进行史料教学，培养学生论从史出、史论结合的能力。引导学生对问题进行合作讨论、探究，培养学生合作解决问题的能力，发挥教师的主导作用。

教学过程

（播放图片：中央电视台“诗词大会”的精彩瞬间）同学们都知道诗词大会这个节目吧，下面老师朗诵一首毛泽东的诗词《西江月·井冈山》，“山下旌旗在望，山头鼓角相闻。敌军围困万千重，我自岿然不动。早已森严壁垒，更加众志成城。黄洋界上炮声隆，报道敌军宵遁。”这首诗词就写于国共十年对峙时期。

设计意图：用学生感兴趣的新闻热点图片导入新课，并创设教学情境，简单明快，直接导入课题。

一、军叫工农革命，旗号镰刀斧头——“工农武装割据”的形成

（一）实践探索

1. 南昌起义

探究：中国共产党从国民大革命的失败中获得最惨痛的教训是什么？南昌起义是如何吸取大革命的教训的？

材料一　中国共产党对国共合作这样快破裂以及随之而来的严酷的白色恐怖，并没有足够的精神准备，更没有在事先做好应对的准备。……当时放在中国共产党面前的路只有两条：或者是拿起武器，进行武装反抗；或者是迟疑犹豫，坐以待毙。除此以外，没有别的路可走。

——金冲及《二十世纪中国史纲》（第一卷）

预设答案：认识到掌握军队的重要性。

南昌起义打响了武装反抗国民党反动统治的第一枪，标志着中国共产党独立领导武装斗争、创建人民军队和武装夺取政权的开始。

探究：南昌起义成功后，按预定计划南下广州，遭到敌人封堵，损失严重。秋收起义进攻长沙受挫。中国共产党既然已经总结大革命失败的教训，为什么还是连遭失败呢？

材料二　仿造俄国革命的理论经验建立起来的中国共产党，自然从一开始就把这种群众性突发式的夺取政权的方式，当成自己未来革命成功的唯一可靠的途径。

——杨奎松《中间地带的革命：国际大背景下看中共的成功之道》

设计意图：引导学生说出此时中国共产党还是在走苏联式的道路——城市革命，还没有意识到这不符合中国国情。

2.“八七会议”

探究：“八七会议”又是如何纠正大革命中的错误并正确指明革命的方向？

学生找出“八七会议”所确定的方针，并明确其意义。

材料三　会议着重批评了以陈独秀为首的中共中央在同国民党关系上一味妥协退让，“没有想着武装工农的必要，没有想着造成真正革命的工农军队”。这是右倾机会主义的错误。

——金冲及《二十世纪中国史纲》（第一卷）

设计意图：学生通过自主探究，理解八七会议的意义，但老师要指出中国共产党还是没有解决革命道路的问题。

3.井冈山的斗争

同学们小学学过的《朱德的扁担》这篇课文表现了革命领袖以身作则，与战士们同甘共苦的高贵品质。毛泽东的诗词《西江月·井冈山》“山下旌旗在望，山头鼓角相闻。敌军围困万千重，我自岿然不动。早已森严壁垒，更加众志成城。黄洋界上炮声隆，报道敌军宵遁。”写于井冈山斗争时期。

设计意图：让学生重回当年井冈山斗争的场景，感受生命的顽强与革命乐观的精神。通过教师适当朗诵和讲述毛泽东的诗词，让学生产生一种身临其境的感觉，体会到革命斗争的艰难，珍惜现在的生活。

过渡：教师朗诵毛泽东诗词《西江月·秋收起义》：“军叫工农革命，旗号镰刀斧头。匡庐一带不停留，要向潇湘直进。地主重重压迫，农民个个同仇。秋收时节暮云愁，霹雳一声暴动。”

探究：秋收起义还是攻打长沙，说明什么问题？毛泽东放弃长沙改向山区进军有什么意义？井冈山为什么会成为第一个农村革命根据地？

(二)形成理论

探究：在井冈山革命根据地，毛泽东开始实践他的“工农武装割据”思想。你知道什么是“工农武装割据”思想吗？有人形象地把它称为“生存思想”，你如何理解这一说法？

材料四　敌人教会了我们两个办法，第一个是做秘密工作。他不杀人，我们是学不会的；第二个是学会了打仗，一打就打了十年。

——毛泽东《敌人教育了我们，两次失败使我们学会了打仗》

预设答案：“工农武装割据”思想含义是在中共领导下，将武装斗争、土地革命、根据地建设结合在一起。

设计意图：通过问题探究，让学生掌握历史概念的内涵。

(三)指导实践

1. 土地革命

材料五　如果我们能够普遍彻底地解决土地问题，我们就获得了足以战胜一切敌人的最基本的条件。

——毛泽东

问题：毛泽东这样说，道理是什么？

提示：因为中国大部分的人口都在农村，如果解决了土地问题，就解决了农民问题，所以毛泽东才这么重视土地问题的解决。

2. 武装斗争

1930年10月起，蒋介石接连向各根据地发动三次大规模“围剿”。毛泽东、朱德领导红军粉碎了敌人的“围剿”，使革命根据地得到巩固和发展。

3. 根据地建设

1931年冬，中华苏维埃第一次全国代表大会在江西瑞金召开。会议宣布中华苏维埃共和国临时中央政府成立，制定了宪法大纲，定都瑞金；选举毛泽东为临时中央政府主席，朱德为中央革命军事委员会主席。

教师再朗诵一首毛泽东的诗词《清平乐·六盘山》，“天高云淡，望断南飞雁。不到长城非好汉，屈指行程二万。六盘山上高峰，红旗漫卷西风。今日长缨在手，何时缚住苍龙？”过渡到下一内容。

二、不到长城非好汉，屈指行程二万——红军长征

（一）原因

材料一　中国工农红军长征举世瞩目，中央红军为什么要实行战略转移？学术界传统的观点、也是最流行的一种看法，是因为第五次反“围剿”的失败导致红军主力最后撤出根据地，进行长征，而失败的根本原因在于王明“左”倾错误。近来学界开始注意从政治、经济、社会、地理因素等不同视角，对红军长征的原因分别进行研究，分析也颇入情理。但是，要想得到更合理的令人信服的理由，就必须对长征的历史背景进行多视角的全面考察，对引发红军长征的动因进行系统的思考。

中央红军实行战略转移，进行长征，原因是复杂的，主要是：国民党战略战术思想的变化；根据地存在着严重的经济财政危机和军事政治危机；日本帝国主义日益加紧的侵华。所有这些情形，都不同程度地影响着中央红军战略的调整，并综合作用，最终导致中央红军的长征。中央红军长征既有客观方面的因素，也有主观方面的因素，是国内外各种因素交互作用的结果。

——董振平《中央红军长征的背景分析》

设计意图：让学生通过史料探究中央红军实行战略转移的多种原因。

（二）直接原因：第五次反“围剿”的失利

材料二　李维汉生前回忆说：“李德本来只是共产国际派来的一个军事顾问，但博古却把他捧为‘太上皇’，什么事都听他的。李德瞎指挥，在军事上更是他说了算，甚至一个战役中一挺机关枪放在哪里，都得听他的安排……”

——白瑞雪等《起死回生的历史转折——从遵义会议到四渡赤水的启示》

材料三　先后参加过五次反“围剿”的共和国上将王平回忆说，1934年夏天的中央红军“吃没吃的，穿没穿的，打仗缺乏弹药，加上长期转战，部队得不到休整，个个都像叫花子一样。”

——《王平回忆录》

设计意图：通过相关史料使学生认识到共产国际军事顾问的指挥是错误的，并进而指出反“围剿”失利后，根据地的面积大大缩小，苏维埃政权难以立足。1934年10月，中央机关和红军八万多人离开根据地开始长征。

（三）过程

多媒体展示《中国工农红军长征示意图》（图略）。

找出中央红军经过的省份和重要城市。结合地图和所学知识，从自然环境角度出发，简析红军长征途中克服的艰难险阻。

设计意图：通过设计这一环节，让学生掌握长征过程的空间情况，形成正确的时空观念，了解长征的艰辛。

（四）遵义会议

材料四　关于遵义会议，过去都认为这次会议确立了毛泽东在红军和党中央的领导地位，这是对的，是按照实际情况而说的。……

正因为这时只提军事路线错误，不提政治路线错误，因而遵义会议上正确主张得到绝大多数人的拥护，原来与王明、博古等同样由共产国际米夫派回来的张闻天、王稼祥等，也起而批判了博古、李德，同毛泽东站到了一起。……

遵义会议后免除了博古的总领导，而由赞成毛泽东军事路线的张闻天为总的负责人，这就在领导层内维护了团结，不致因为批判博古等的错误而导致分裂。所以，遵义会议正确处理了当时至关重要的军事路线和政治路线问题，避免了党和红军有可能产生的分裂，全党在以毛泽东为核心的党中央领导下达到团结统一，使革命走向新的胜利。

——力平《红军长征史研究的若干问题》

探究：为什么说遵义会议“事实上确立了以毛泽东为核心的党中央的正确领导”呢？

（五）长征的历史主题

材料五　长征的历史主题是多元的，而且还呈现出交织状。除了“军事斗争”的主题外，至少还有“双拥”这一主题。一方面，长征途中的红军通过打土豪、分田地等实际行动，诚心诚意地帮助沿途受剥削、受压迫的贫苦大众解决实际问题,这是由红军革命的本质目的决定的。另一方面,也是最重要的,即,沿途人民群众从人力、物资、道义等多方面给红军长征以极大的支持。人民群众无私的支持,是红军取得长征最后胜利的坚实基础和精神动力。作为军事斗争史的长征,随着时代的变迁,其意义正渐渐远行;作为军民情谊史的长征,已有学者挖掘出了其在“双拥”方面的价值,而且将随着时代的变迁更具感召力。

——何成刚等编《史料教学案例设计解析》

设计意图:通过设计这一环节,让学生多角度的了解长征的历史主题。

(六)长征的伟大意义

材料六　长征是历史记录上的第一次,长征是宣言书,长征是宣传队,长征是播种机。

——毛泽东《论反对日本帝国主义的策略》

设计意图:通过展示毛泽东在陕北瓦窑堡党的活动分子会议上所作的报告内容,总结长征的伟大意义。

探究:什么是长征精神?

材料七　红军长征的内涵很丰富,它不简单地是突围、转战、打仗等,应包括三个方面的严峻斗争:首先是革命与反革命两种力量、光明与黑暗两种命运的大搏斗;其次是在这场惊心动魄的搏击中,共产党内部的指导思想和政治路线有尖锐斗争;再次是极端恶劣的自然环境,使红军一再面临着能否克服艰难险阻、经受饥寒伤病折磨的严重考验。这三方面的斗争和博弈,构成红军长征的基本内涵。

——石仲泉《红军长征与长征精神——纪念中央红军长征胜利到达陕北80周年》

预设答案:长征精神的基本内涵包括把全国人民和中华民族的根本利益看得高于一切,坚定革命的理想和信念,坚信正义事业必然胜利的精神;为了救国救民、不怕任何艰难险阻,不惜付出一切牺牲的精神;坚持独立自主、实事求是,一切从实际出发的精神;顾全大局、严守纪律、紧密团结的精神;紧紧依靠人民群众,同人民群众生死相依、患难与共、艰苦奋斗的精神。

设计意图：引导学生通过探究长征的伟大意义，从而了解长征精神的基本内涵。

三、小结与升华

材料一　长征精神既是中华民族宝贵精神财富，也是我们构筑中国梦不可或缺的精神力量。

长征精神内涵丰富，其精神实质包括崇高理想和信念、实事求是、艰苦奋斗、严守纪律和团结协作等内容。同时，长征精神在增强"三个自信"、繁荣社会主义先进文化、构筑中国教育梦中具有时代意义和历史价值。利用长征精神这一宝贵财富教育当代青年，有利于成就青年梦想，为实现中华民族复兴提供精神食粮。为此，只有从更新理念、创新内容和创新方法入手，在建立研发基地和搭建平台、构建红色校园文化、开展红色文化实践这三个方面着力，才能使长征精神在中国梦宣传教育中取得实效，为实现中国梦注入新能量。

——李中学《长征精神在中国梦宣传教育中的价值探析》

结语：红军长征的胜利，充分展示了中国共产党人领导革命战争的卓越能力，充分体现了红军将士为民族独立和人民解放勇于牺牲、争取胜利的大无畏气概，充分证明了人民革命战争的正义力量是不可战胜的。

设计意图：以史为鉴，让学生了解长征胜利的意义，了解长征精神在中国梦宣传教育中的价值。

第四节　教学设计中的抓住知识"关节"：以"近代中国经济结构的变动"为例

教材分析

本课主要内容包括：近代经济结构的变动和近代工业的艰难起步。在人教版高中历史必修2中，本课上承《第二次工业革命》一课，下启第10课

《中国民族资本主义的曲折发展》。从通史体例来看,本课上承人教版高中历史必修1的《鸦片战争》,实质分析的是鸦片战争后列强侵华给中国社会经济带来的巨变,由于经济结构的变动必然会引起政治制度、阶级关系、思想文化、社会生活等一系列的变化,所以在中国近代史上占有极为重要的地位。总体内容思辨性较强,重要概念较多。

学情分析

从学生基础来看,本课涉及的奕䜣、李鸿章、张謇等都是耳熟能详的重要历史人物,而且初中阶段也有重点学习洋务运动的内容。因此,学生对于本课的基本认知和理解所需要的知识储备掌握较好。但是,由于对本课内容学生比较熟悉,如果无新意和深度学生学习起来可能会丧失兴趣。从学生学习能力来看,经过一段时间的高中历史学习,学生已经具备较好的提取材料信息能力、史料实证能力和历史思维能力,有强烈的探究学习的动机和求知欲,因此教师应设置具有一定思维高度和深度的问题,进一步提高其分析、解决问题的能力。从思维的质量来看,学生在思维的广度和开拓思维的方式方法上还有所欠缺,教师应该积极引导其分析问题,并以对比、组织合作探究等方式促进其知识的建构。

教学目标

一、知识与能力

1. 掌握中国自然经济的逐步解体及中国被卷入资本主义世界市场的相关史实。

2. 了解洋务运动的背景、代表人物、主张和洋务派创办的主要军用工业、民用企业。

3. 掌握民族工业出现的时间,初步发展的原因和表现。

4. 理解近代民族工业兴起的原因、影响,分析其特点。

二、过程与方法

通过中外历史发展的对比，将学生的思维引向事物的本质，在谈话中使学生能够正确理解西方列强向中国倾销商品产生的影响、中国小农经济逐步解体对近代化的影响等。通过史料实证，使学生理解“欧风美雨”是中国近代化的外部条件。教师引导学生分析历史细节，使学生养成深入探究、论从史出的史学素养。

三、情感态度与价值观

通过对鸦片战争前后中国社会经济变化状况的学习，使学生了解中国社会经济发展与世界形势的密切关系，认识到独立自主、开放包容与国家发展之间的关系，培养学生热爱祖国的情感。结合近代中国经济结构变动的总体脉络和发展方向，加深理解我们今天选择改革开放、走社会主义市场经济体制道路的正确性，进一步增强时代赋予我们的使命感和历史责任感。

四、教学重点和难点

重点：中国传统自然经济的解体与近代经济的产生发展。

难点：分析理解中国近代经济产生发展的历史背景与发展历程。

教学策略

1. 通过对历史细节的解读，激发学生学习和深入探究历史问题的兴趣，进而论从史出，提升史学素养。

2. 通过鸦片战争前后东西方发展现状和体制的强烈对比，使学生理解中国历史发展是世界历史的重要组成部分，明白具有开放的视野和格局对于国家长远发展具有重要意义。

3. 整合教材，打通近代工业化、市场化知识的脉络，以学生自主学习、探究问题和教师引导、归纳、总结相结合的方法建构知识体系。

设计思路

本课设计指导思想：打破教材“边界”，拓宽教学视野，通过对古代、近代经济结构乃至当今经济结构完整的把握，总结、归纳本课历史教学的价值。

因此，教师将整体教学思路设计为：一、近代前夜的帝国。二、近代经济的突围：（一）自然经济逐渐解体——农民被迫卷入市场；（二）洋务运动；（三）官府有选择进入市场；（四）民族资本主义工业兴起——绅商拥抱市场。以“走向近代化”为本课的立意，重点围绕“走向工业化、市场化的近代中国”这一主线，使学生理解近代中国经济结构的艰难变动和近代中国人或被动或主动的抉择对中国近代化的推动，进一步拓宽学生视野，培养其开放的心态和家国责任感。

设计特色

打破教材“边界”，通过对古代、近代经济结构乃至当今经济结构更完整的把握，拓宽教学视野，引发学生反思。精选并细致分析史料，引导学生回归历史现场，客观理解近代经济结构的变动。通过中西对比、问题探究，培养学生的思辨精神和史学素养。

教学过程

多媒体展示雍亲王及王妃耕织图（图略）。

请同学们判断他们在从事什么劳动？判断画中的男女主角是什么身份？

学生判断出是耕地、织布图；议论纷纷，猜测画中人物是农民。

多媒体展示篆字内容：“雍亲王宝”（图略）。

师：雍亲王在九子夺嫡的关键时刻，让画师以他自己为原型画了二十三幅耕图，以他的王妃们为原型画了二十三幅织图，献给了他的父皇康熙，迎合了康熙帝以农为本的经济理念。从战国时期一直到清朝的两千多年，中国不管是农民还是最高层的皇帝，他们或被动或主动沉醉于这种男耕女织的田园生活。其实，西方人也长期陶醉于他们的田园牧歌的生活，但是在这两千多年发展到后半程的时候，我们惊讶地发现，西方发生了一系列的巨变。

材料呈现：

材料一　14—16世纪，文艺复兴"发现人"；

15世纪，末开辟新航路走上世界殖民道路；

16世纪，宗教改革；

17世纪，科学革命；

17、18世纪，启蒙运动；

17、18世纪，英、美、法等国资产阶级革命；

18世纪后期工业革命……

师：从思想到科学，再到政治文明，最后到技术革命，西方国家一直在寻求改变，而当历史的车轮驶入19世纪中期，西方资本主义扩张到古老的中国，使中国的经济结构开始发生一系列艰难的变革。

师：当然，我们要了解近代中国经济变动为何异常艰难以及中国近代经济结构变动的方向，那我们首先要回到近代前夜的帝国。

设计意图：李惠军在《历史教学（上半月刊）》2015年第5期《灵魂的追问（2）——博观而约取，厚积而薄发》一文中说："历史老师要善于将具体的历史课题放置在一个总体坐标上加以考量，去发现历史课的灵魂。历史的智慧往往在通感、通识中萌发，历史的主旨往往在联系、联动中生成。"具体在本课设计上，打通古今中外历史，通过近代前夜中西方社会状况的强烈对比，使学生意识到中国经济结构变动的必然和必要。

一、近代前夜的帝国

师：费正清说过，要知道中国为什么会衰落，那一定要知道中国曾经有多强大。你知道中国曾经有多强大吗？

材料一　自11世纪和12世纪的宋代以来，中国的经济在工业化、商业化、货币化和城市化方面远远超过世界其他地方。

——［德］贡德·弗兰克《白银资本》

材料二　从1700年—1820年，中国的GDP不但排名世界第一，占世界的比重也由22.3%增长到32.9%，创有史以来单一经济体占世界GDP合计的最大比重。

——[英]安格斯•麦迪森《世界经济千年史》

师：尤其是从宋元时期之后，我们被认为是世界上工业化、商业化、货币化和城市化远远超过世界上其他地方的一个国家，而这种领先一直持续到清嘉庆时期。如我们非常熟悉的GDP指标，直到1820年的时候，中国仍然是世界第一。那到底是什么原因，使中国的优势在1840年战争到来的时候立即显得荡然无存呢？或许我们可以通过一段东西方对比的材料了解其中的玄机或端倪。

设计意图：通过不同时空下中国经济地位和近代中国政治地位的对比，使学生产生强烈的好奇心，进而反思并探究中国自身的体制问题。

材料三　除战时与余等敌对之国家之人民外，一切商人，倘能遵照旧时之公正习惯，皆可免除苛捐杂税，安全经由水道与旱道，出入英格兰，或在英格兰全境逗留或耽搁以经营商业。

——摘自《自由大宪章》(全文见《世界人权约法总览》)

师：首先，这是一段13世纪就已经在英国出现的律法——《自由大宪章》，那么你们在这里看到了什么呢？

生：英国支持商业，对商人的政策比较开放。

师：那商人在这里面感受到的会是什么呢？他感受到的是一种什么样的氛围？

生：开放，想经商可以到这来。

师：其实13世纪对商业的重视和支持一直延续了下来，直到后来出现了西方著名的经济政策——重商主义。那我们再来看一段16世纪的中文布告，它是来自于当时意大利的一个传教士利玛窦，他从澳门一路到香山，看到很多地方都贴着盖有总督大印的布告，这张布告如今看起来总觉得非常难受，当时利玛窦也觉得非常之惊奇，于是他记载了下来。

材料四　现在澳门犯罪违法之事所在多有，皆系外国人雇佣中国舌人(翻译)所致。此辈舌人教唆洋人，并泄露我国百姓情况。尤为严重者，现已确悉彼辈竟教唆某些外国教士学习中国语言，研究中国文字……上项舌人倘不立即停止所述诸端活动，将严行处死不贷。

——《利玛窦中国札记》

师：你们在这段材料里看到的是什么样的信息呢？

生：比较封闭。

师：请问你是怎么看出来的？

生：不想让外国人学习中国的语言，不想让外国人了解中国的文字，还不想让外国人了解中国的情况。

师：那是不想让外国人了解中国的国家机密吗？

生：不是，只是普通的国情或百姓的情况。

师：所以用我们今天的眼光来看，你认为这个翻译和外国人的交流是一种正常的交流还是非正常的交流？

生：正常的。

师：它应该是很正常的，但因为当时的政府是封闭的，所以它对这种正常的活动采取的是什么行为？

生：严禁，限制和封闭。

师：因此我们通过这段对比会发现，一个日加严苛的限制，另一个日益开放、日益自由，这就导致中国一直持续在这样的生产方式中。明清时期政府不只在正常的生活方面有很多的限制，它更多的是在经济政策方面体现出许许多多的限制，我们大家谁能说出明清时期政府有哪些限制正常贸易的政策？

生：重农抑商、海禁和闭关锁国、官营专卖政策等。

师：在这一系列的政策压制之下，与西方形成鲜明对比的是我们千年不变的经济结构。我们应该能感受到，这种不变的经济结构，根本上是统治者思想观念、实施的政策所带来的一系列问题，可以说是体制的困局。但是世界经济的发展，是不会因中国的体制状况而停止它发展的脚步。当鸦片战争爆发的时候，西方强大的工业文明席卷中国，中国的经济结构必然会发生一系列的剧变。而这种剧变一方面是工业化的不断进步，更多的应该是对过去旧有体制的突围。

设计意图：通过中英两国不同政策的对比，探讨出中国古代经济结构长期固化的深层原因，能够激发学生的思考，并进而让学生理解近代中国经济结构变动与政治和思想领域变动之间的关系。

二、近代经济的突围

师：最初的变化就是我们的传统经济——自然经济在逐渐解体。那么什么叫自然经济，它的典型特征有哪些呢？

生：自给自足，男耕女织。

师：鸦片战争后中国的自然经济特征在逐步发生变化，为什么洋纱、洋布竞争力高于中国土布？

生：进口棉纱比较多，先出现纺织分离。进而大量洋布进入中国，耕织分离；洋布比土布便宜，机织布比土布更细更软，价廉物美。

师："丝、茶等农产品大量出口"，说明了什么？我们能归纳出什么信息？

生：农产品日益商品化；中国自然经济瓦解，卷入资本主义世界市场。

设计意图：利用具体事物的变化，使学生能够论从史出，直观感受中国自然经济瓦解的现状，培养学生史料实证的史学素养。

（一）自然经济逐渐解体——农民被迫卷入市场

师：我们卷入了世界市场，开始受世界市场的价格机制、运行机制、竞争机制的影响。在外国商品大量进入中国的同时，他们也把机器带入中国办厂。

材料一　上海的浦东火轮船厂，在60年代中，它所用的剪裁机"切一块一英寸厚的铁板，就象（像）一把餐刀切一块牛油那样容易"。

——汪敬虞《近代史上中外经济关系的全方位评价》

师：直观感受到来自西方机器生产的威力后，什么企业在中国诞生了？

生：外资企业。

师：虽然外资企业在中国诞生，但是机器长途运输到中国的运费非常高昂，再加上机器本身的费用，同时中国古代的商人和士绅们，他们更多投资获利的途径是稳定的土地收益，因此中国人最早使用外国机器不是来自民间，而是来自官府的引领。

(二)洋务运动

师:洋务派有一些著名的代表人物,比如在中央是奕䜣,在地方主要是地方督抚大员,如李鸿章、曾国藩、左宗棠、张之洞等人。

多媒体展示奕䜣照片(图略)。

师:这是中国皇族的第一张照片,大家仔细看他的表情,揣摩下他当时的心情是怎样的?

生:眉头是紧皱的,应该是无奈和不高兴。

师:他在拍这张照片的时候因为什么不高兴?他假如是个普通人我觉得我们不能妄加揣测,但他是咸丰帝的弟弟,是清朝皇族当中最具才干的代表。这张照片的背景是第二次鸦片战争英法联军火烧圆明园后,迫使中国签订了不平等条约——《北京条约》。条约签订的时候,当时外国人有随军的记者要给他留下一张照片,把相机摆在大厅门口,结果这位皇帝的兄弟惊恐地抬起头来,脸唰地一下变得惨白,他以为他对面的是一门大炮,会把他的头给轰掉。一个中国顶尖的精英人物,对于西方已经出现了二十多年的先进的照相机毫无所感,对西方的生活科技一无所知,更何况是军事呢?

师:清王朝面临的是英法联军的侵略外患,同时还有内忧——农民起义。要对付占据清朝最富庶地区的太平天国以及后来在淮河、山东流域长期活跃的农民运动,都必须依赖于进步的军事科技,因此奕䜣认为中国应该向西方学习用机器造出更先进的武器。最早付诸实施的是曾国藩,后来做得最好的是李鸿章。李鸿章在当时创办了中国第一个大规模的兵工厂。

材料二　诚能设法劝导官督商办,但借用洋器洋法,而不准洋人代办。此等日用必需之物采炼得法,销路必畅,利源自开。榷其余利,且可养船练兵,于富国强兵之计殊有关系。

——李鸿章《筹议制造轮船未可裁撤折》

材料三　有关数据表明,轮船招商局的建立确实达到了“分洋商利权”的目的。仅1873年到1876年间,外国航运公司收入总共损失4923000两。

——雷颐《李鸿章与晚清四十年》

师：所以，1872年李鸿章向政府提出一个新的选择方向，和江南制造总局的形式有什么不一样？

生：官督商办。

师：在这之后上海轮船招商局创办，用了不到十年的时间，由最初的三艘轮船发展到有二十多艘轮船。在轮船招商局创办之前，当时中国的轮船也是被英国、法国、美国等轮船公司垄断的。上海轮船招商局创办不久，就直接打破了英国怡和、太古轮船公司的垄断，甚至还收购了当时非常强大的一个轮船公司——美国旗昌轮船公司。上海轮船招商局的分号最远已经到达日本横滨、新加坡等地，获利丰厚。

师：这一段数字里面就提到，外国航运公司总收入在这三年期间减少了四百多万两，大概相当于今天一百亿元人民币。而用李鸿章的话来说，大概用了十年左右，它应该获利二三千万两，大概相当于今天五六百亿元人民币。所以与江南制造总局相比，上海轮船招商局赚钱了。那么为什么江南制造总局出现一系列的问题，而上海轮船招商局就能取得巨大的成功呢？

生：江南制造总局是官办，洋人有可能拿钱不干事。

师：我们做一个对比，江南制造总局是官办，那上海轮船招商局呢？主要是商办。那为什么商人能够参与办理呢？资金来自商人，商人也要挣钱，是不是也能向江南制造总局一样，把生产出来的枪炮直接送给军队使用，不获利呢？不是，是要进入市场获取利润。那我们发现最大的区别在于进入市场，但其实背后还有故事。

材料四　李鸿章为招商局奏准了运送漕粮和一些官府物资的专权。此举是轮船招商局可以建立、维持的关键。

——雷颐《李鸿章与晚清四十年》

师：雷颐认为招商局能够得以建立维持的最关键的信息是什么？

生：得到了李鸿章、官府的支持。

材料五　该局（上海织布局）用机器织布，事属创举，自应酌定十年以内，只准华商附股搭办，不准另行设局。

——李鸿章《试办织布局折》

师：不但有李鸿章在背后拉来很多生意，而且不允许外国办厂，不允许外国投资,甚至不允许华商办厂。这就是过去一直存在的官府垄断现象。因此我们发现,官府引领工业化,面向市场经济大潮,但其实是有选择的进入市场。

（三）官府有选择进入市场

师:在外国资本主义企业和洋务派企业的发展过程当中,对于中国的民间设厂设置了许许多多的障碍,但是外资企业和洋务派企业的巨大利润,必然会使中国的地主、官僚、商人、士绅们通过各种方式想要获取更多的利润。他们中有一些人率先冲出"围城",开始创办了一批企业。比如方举赞创办的上海发昌机器厂,朱其昂在天津创办的天津贻来牟机器磨坊。大家有没有找到这些企业的共同之处?

生:基本都是沿海地区。

师:但是他们只是少数,当时更多的华商选择的是直接参股外资或者本国的官府企业,甚至还有些更加极端的方式。

材料六　华商直接雇佣洋人来冒充洋商经营。如下面这条史料记载:"近有刘祖恩、刘泽堂等在吴淞镇开设永源行,暗雇德人内克布,悬挂德旗,希图抗捐赖税……"进而还有华商因为不满地方官保护洋商欺辱华商,因而集体要求加入外国籍寻求保护的事例……

——朱荫贵《晚清社会经济制度之改变:从内在角度的考察》

师:我们看到的是他们冒充洋商,甚至还要求加入外国国籍,为什么选择这样的极端方式来获取利润呢?背后的原因是什么?

生:官府保护外资,不保护华商。

师:因此我们发现,还是因为市场没有完全向华商开放。其实,公正地说,当时官府不但不保护华商,他们对外国在中国的市场也都是禁止的,甚至对于他们自己采用机器生产、引进机器的行为也都有种种的限制。这一系列的禁止和限制又导致了我们的民族资本主义的发展异常艰难。

设计意图:历史细节运用于教学,能改善课堂空洞乏味、见事不见人、标签化人物等现状,有利于真正落实情感态度价值观层面的教学目标。通过对奕䜣照片和洋务企业成本、官府对洋务企业的保护性措施等细节的解读，使学生感受到政治巨变下的中国社会现状，官府引领下经济结构变动的必然和弊端。

师：甲午中日战争后，西方国家以日本为首，开始在中国正式获得了设厂的权力。1895年，张之洞找到了晚清的状元张謇，满怀忧虑的提到外国的企业将会在中国大行其道，我们的民族经济将无任何的立足之地。

材料七　救国为目前之急……譬之树然，教育犹花，海陆军犹果也，而其根本则在实业。

——《张季子九录·政闻录·对于储金救国之感言》

师：张謇在张之洞重托下，身份逐步变化，从一个士绅状元发展为一个实业家。他称自己创办实业是“舍身喂虎”，几千年的观念让他觉得这是投身一个非常艰难的事业，但他还是毅然决然地做了。这是为什么？

生：“实业救国”思想。

师：在这之后，政府也对民间设厂采取了一系列的宽松政策，民族资本主义企业开始更多涌现出来，但是张謇创办的大生企业可以说是其中表现最为抢眼的。

多媒体展示照片“大生企业系统构图”（图略）。

师：最初他的启动资金只有四十五万两白银，但是用了不到二十年的时间发展到整个大生集团资金总量达到三千多万两。在晚清时期，张謇所在的大生集团的发展，背后当然会有一些官府的支持，但是更多的因素还是在于他的自身。

问题：张謇企业的成功秘诀是什么？

师：张謇于1895年筹办纱厂时，只是一介寒儒，自家并没有多少财产，只能仿照洋厂依靠股份制向社会集资。

生：他成功的秘诀是采取了股份制，资金是向社会募集的。

师：《厂约》明文规定了总理和各经董的各自职责，对各级职员的工资待遇、利润分配、各所章程的制定办法和定期考核制度、功过赏罚办法等事项都有明确、具体的规定。那第二个秘诀是什么？

生：规定了非常明确的规章制度。

师：这些规章制度为什么能够进一步推动企业的发展？比如《厂约》里你觉得特别有用的是什么？

生：职员的待遇。

师：待遇是和什么相关的？

生：和效率业绩有关。

材料八　大生企业还非常重视当地的土布业市场。大生纱厂销售的重点对象是本地手工织户，以实行土产土销的方针，所以生产重点也放在纺12支纱上。大生将所产之机纱以“魁星”为商标，象征它是状元办的厂，以扩大社会影响帮助推销……

——陈争平《近代张謇的企业制度创新及其现实意义》

师：上诉材料有两个因素，前半段告诉我们，他为什么会成功？它的市场定位在当时比较准确，面向本地织户。后半段告诉我们，他不但会做广告，而且已经具有了品牌意识。所以，张謇企业的一系列成功其实代表了今后士绅、商人应该努力的方向，不断创新，更好地拥抱市场。

设计意图：从具有典型意义的张謇大生集团入手，以小见大，使学生感受晚清先进的中国人的家国情怀。在民族危亡的关键时刻，他们主动融入工业化、市场化的潮流，推动中国经济结构变化和社会观念的不断进步。

（四）民族资本主义工业兴起——绅商拥抱市场

材料九　1903年9月7日，清政府设立商部，倡导官商创办工商企业。接着，颁布了一系列工商业规章和奖励实业办法，如：钦定大清商法、商会章程、铁路简明章程、奖励华商公司章程、矿务章程、公司注册章程、试办银行章程等。这些章程规定，允许自由发展实业，奖励兴办工商企业，鼓励组织商会团体。

——王杏元主编《中国近现代史纲要》

师：民族资本主义企业在这过程中经历了一系列的艰难发展，而我们也非常欣喜地看到，晚清政府也在进行着一系列非常艰难但堪称华美的转身。在1898年戊戌政变和1900年义和团运动发生之后，中国近代化的进步潮流受到阻碍。八国联军侵华使清政府的统治处于风雨飘摇之中，在实力派的推动之下，清政府痛下决心决定改革，这个改革在历史上被称为“清末新政”。清末新政的转变，体现出清政府从“奖励垦荒”到“奖励实业"政策的巨大转变。所以在整个晚清的72年当中，在外国先进的工业文明推动之下，民间不断以各种方式冲破体制，政府也在慢慢改变自身体制，在多方共同努力之下，才有了近代经济结构的剧变。

多媒体展示"近代经济突围"知识结构示意图(图略)。

教师引导学生总结：工业文明首先冲击中国的自然经济，使自然经济逐渐解体。在解体的过程中，工业化逐步开始启动，民族资本主义企业逐渐产生。在这过程中，商品经济也在逐渐发展，这些共同的因素推动中国的市场机制不断发展。

材料十　因西方势力楔入中国而产生的经济变化，只能像水纹一样层层翻出，渐渐荡开。

——陈旭麓《近代中国社会的新陈代谢》

师：所以，近代化或者说现代化的中国还有很长的路要走，但我相信近代化发展的根本方向应该是不变的，那就是要不断加强市场经济，加强公民自由和一系列的制度保障。近代以来在西方工业文明的冲击之下，中国的工业化的历程，从根本上改变了整个中国经济社会的发展进程，经济变动永远不能与政治体制、思想观念相剥离，经济的变动从根本上推动了人的改变！

设计意图：经济结构的改变本质上是人的发展。通过对近代前期中国总体经济结构变动和走向市场化历程的梳理，使学生能更强烈感受到人、体制和观念变动的重要性，培养学生面向世界的开放心态。

第五节　教学设计中的思想主题：以"从'师夷长技'到维新变法"为例

教材分析

鸦片战争打破了中国人"天朝上国"的迷梦，中国开始沦为半殖民地半封建社会，救亡图存成为时代主题。中国知识分子开始进行探索，他们在思想上的渐进认识推动了中国的发展，为三民主义的诞生，马克思主义最终根植于中国打下了基础。

本课分三目介绍了从鸦片战争至19世纪末中国近代思想向西方学习发展的渐进过程。第一目“开眼看世界”，阐述了鸦片战争结束后，中国思想界发生了巨大变化，林则徐、魏源等先进中国人的探索。第二目“中学为体，西学为用”，这一目展示了洋务派的思想内涵、措施、活动影响等。第三目维新变法思想，从早期维新思想、维新思想的发展、维新变法运动几个方面介绍了近代思想的沿革。这些思想从学造器物到仿行制度，先学习西方实用科技后学习社会政治学说，探求强国之路。

学情分析

本课是人教版高中历史必修3第14课《从“师夷长技”到维新变法》。对于本课内容学生有了初步了解，但学生缺乏从思想的角度去认识这一历程，对于其中的特点没有深入探究过。学生对探究性学习有着较大的兴趣。因此，本节课既要调动学生积极融入课堂教学，又要引导学生认识事件的本质，培养其全面辩证分析历史事件的能力。

教学目标

一、知识与能力

1.识记林则徐被称为“开眼看世界的第一人”，魏源的“师夷长技以制夷”思想，洋务派“师夷长技以自强”思想，早期维新思想和19世纪90年代维新思想。

2.理解近代中国人向西方学习的渐进历程及每一历史阶段中国人向西方学习内容的异同和特点。

3.运用所学知识，认识中国人学习西方与救亡图存紧密相连，探究中国社会发展与当时世界形势的关系。

二、过程与方法

1.联系必修1、2的有关内容，讨论近代中国人思想解放的时代背景。

2.运用制表的方式，将学习西方、寻求变革的思想历程梳理清楚。

3.注重对历史材料的运用，重视学生的主体参与和探究活动，以充足的史实材料作铺垫，创设各种问题情境，在分析材料、解决问题的过程中提高学生历史材料分析能力和思维能力，培养合作学习、自主探究能力，同时加深理解，切实体验历史。

三、情感态度与价值观

培养学生求真求新的态度，以及对国家、对民族的历史使命感和社会责任感，培养爱国主义情感，培养学生坚强的意志和创新的科学态度。

四、教学重点和难点

重点：从"开眼看世界"到维新思想的变化历程，维新变法思想的特点及对中国社会的影响。

难点：分析每个历史阶段中国人向西方学习内容的异同和特点，认识近代思想发展的过程及其所处的历史背景。

教学策略

1.通过视频带来视觉冲击，激发学生学习兴趣。

2.选择多角度看待近代思想解放历程，让学生理解历史发展是多因素合力推动的结果。让学生学会通过不同角度，运用多种史观全面认识和分析历史事件。

3.设计问题探究、合作探究等一系列渐进式的问题串引导学生掌握解决问题的方法。学生通过与教师的互动，建立知识体系。

设计思路

本课设计理念：通过多个角度，提供史料，长时段地看待近代中国思想发展历程。本着这一理念将本课内容整合为：一、鸟瞰：19世纪中国思想解放历程；二、聚焦：维新变法运动——思想突破；三、透视：19世纪中国思想解放历程特点。这三部分分别从长时段看待中国思想解放历程，然后聚焦维新变法运动，最后带领学生了解近代中国思想解放历程的特点本质。通过本课学习，希望学生获得这样的认识：中国思想解放历程是带有渐进性、逐步的过程，中国学习西方始终与救亡图存联系在一起。

设计特色

依据课程标准、学情重新整合教材，通过鸟瞰、聚焦、透视三个方面，引导学生整体把握19世纪中国思想解放历程，并对难点问题进行突破。在此过程中，运用视频、图片、文字等多类型课程资源，引导学生自主探究学习，培养其历史思维和史学核心素养。

教学过程

播放大国崛起中的视频选段。

问题：结合视频及所学知识回答视频中“人类社会发生了前所未有的巨变”指什么？当时中国国内是怎样局势？

预设答案：工业革命、新航路的开辟；经济上是小农经济，思想上封建保守，做着“天朝上国”的迷梦，政治腐败专制。

教师引导学生小结：面对日益东来的西方殖民者，尘封的帝国被迫打开了大门，先进的思想家们面对千年未见之变局，如何为天地立心，提出了怎样的主张呢？让我们共同学习从“师夷长技”到维新变法。根据本节课的课程标准的要求，大家一起从鸟瞰思想解放历程，聚焦维新变法，透视历程特点来学习本课内容。

设计意图：通过视频让学生产生感官刺激，激发学生质疑心理和学习兴趣，顺利导入新课。

一、鸟瞰：19世纪中国思想解放历程

（一）初看世界发先声

1. 林则徐等人的思想

材料呈现：

材料一　是书何以作？曰："为以夷攻夷而作，为以夷款夷而作，为师夷长技以制夷而作。"

——《海国图志·原叙》

探究：材料表达了作者怎样一种思想？这一新思想含义是什么？

预设答案：师夷长技以制夷；学习西方的目的是打败西方。

教师引导学生小结：《孙子兵法》说"知己知彼，百战不殆"，当西方殖民者在广州向这个帝国不断走私鸦片，当时士大夫如何应对呢？其中代表人物林则徐做了哪些事情呢？"苟利国家生死以，岂因祸福避趋之"的林则徐在广州举行了禁烟运动，为了了解敌人，林则徐设立译馆，编译了《四洲志》《各国律例》，被称为近代中国开眼看世界第一人，他的同僚或者当时的皇帝对他的行为是什么态度呢？林则徐终被发配，曾做过知县的魏源接过了接力棒，编写《海国图志》，编写此书的目的是什么呢？"师夷长技以制夷"，学习西方什么？是不是全部？

2. 林则徐等人思想的主要影响

材料呈现：

材料二　中国士大夫之稍有世界地理知识，实自此始。

——梁启超

教师引导学生小结：在鸦片战争当中，中国在两年多时间里调动了十几万军队，先后有1名总督、2名提督、7名总兵以及数千名士兵死于战争。但据英方统计英国远征军的战死人数却不足百人。两千年来传统的夷狄观念在中国人的头脑里开始动摇了。外国人的坚船利炮给他们留下了深刻印象，先进的中国人开始学习西方的军事技术。《海国图志》曾经被日本

印刷15次，是了解西洋的必读文本，价格一度是原书的3倍。这本书给当时的中国带来了怎样的影响呢？评论家周兴旺先生说："魏源扮演了两大角色：他是黄昏时的猫头鹰，理性地预告了天黑后的凄凉；他是黎明前的云雀，清脆地预告了天亮后的雾霭。""开眼看世界"的中国人起到的作用有引导国人、开阔眼界、关注世界、启迪思想。魏源对自己的这部作品寄托了极大的希望，他希望人们会如饥似渴地阅读它，研究它，通过这部书找到让国家富强的办法。让他意想不到的是，《海国图志》问世后却很少有人问津。然而，许多守旧的朝廷官吏的骂声却扑面而来，他们无法接受书中对西方蛮夷的"赞美"之词，更有甚者主张将《海国图志》付之一炬。在腐败守旧的清政府眼中，《海国图志》无疑成了一本"大逆不道"的书籍。遭到无端非议的《海国图志》最终在国内的印刷数仅有千册左右。这是不可能给中国的富强带来思想的转变的，这也是一直以来"天朝上国"的思想在作祟的结果。中国继续着自己的痛苦之路，慢慢酣睡。

设计意图：通过课本知识及简短的史料，使学生认识到中国先进的知识分子已经在学习西方，但成果没有被重视和吸收。

（二）学造器物踏征程

问题探究：思考"中体西用"的含义、实质，能否挽救风雨飘摇的封建统治？

预设答案：西方技术嫁接到中国的树干上，最终不能有结果。

教师引导学生小结：第二次鸦片战争后，一批地主阶级官僚开始主动地向西方学习并付出了实践。地主阶级提出了什么思想？这一思想能否挽救封建统治？洋务派兴办不少实业，比如一些民用和军用企业，建立了近代企业、新式学堂，间接促使了资本主义的产生和发展，使中国迈出了近代化征程的第一步。中国对日本有着强烈的民族优越感，但是1895年的一场战争，使得帝国颜面无存，世人失去了盲目时狂妄自大，也使得洋务派们引以为豪的学造器物实现自强成为了"水中捞月"，签订的条款之苛刻的屈辱让先进的中国人发现这个社会真的需要大变革了，生活不能这样下去了。

(三)变法救亡促觉醒

材料呈现:

材料三　东西各国之强,皆以立宪法开国会之故。……伏乞上师尧舜三代,外采东西强国,立行宪法,大开国会,以庶政与国民共之,行三权鼎立之制,则中国之治强,可计日待也。

——康有为《请定立宪开国会折》

材料四　变法之本,在育人才;人才之兴,在开学校;学校之立,在变科举;而一切要其大成,在变官制。

——梁启超《变法通议》

问题探究:请概括康有为、梁启超的思想主张。

预设答案:学习西方的政治制度、教育制度。

教师引导学生小结:甲午中日战争促使中国知识分子走得更远,提出了学习西方政治制度,建立君主立宪制度的设想。

设计意图:通过史料,引导学生总结维新思想基本内容。

二、聚焦:维新变法运动——思想突破

(一)早期维新思想(19世纪60年代)

1.背景:洋务运动的开展和中国民族资本主义的发展

材料呈现:

材料一　乃知其治乱之源,富强之本,不尽在船坚炮利,而在议院上下同心,教养得法。兴学校,广书院……育才于学堂,论证于议院,君民一体,上下同心……此其体也。轮船火炮,洋枪水雷,铁路电线,此其用也。

——郑观应

探究:阅读材料,思考早期维新派有哪些思想主张?

预设答案:学习西方的政治制度、学校、技术。

教师引导学生小结:随着洋务运动的开展和民族资本主义的发展,出现了除要求学习技术外,还要求学习制度的维新派。这些思想产生的背景、代表人物主张有哪些?

设计意图：通过史料及表格，增强学生对早期维新派的感性认识。

（二）康梁维新变法思想（19世纪90年代）

材料呈现：

西方帝国主义试图瓜分中国图（图略）。

民族资本主义发展曲线图（图略）。

问题探究：根据材料和所学知识思考19世纪末维新思想进一步发展的背景？

答案预设：从政治、经济等方面回答。

教师引导学生小结：政治上甲午中日战争之后，民族危机加深；经济上中国民族资本主义初步发展；阶级上资产阶级力量壮大；思想上早期维新思想奠定基础。

材料呈现：

材料二　顽固派指责康有为"其貌则孔也，其心则夷也"。

问题探究：康有为为什么采用这个办法宣传西学？

教师引导学生小结：民族资本主义发展不充分，民族资产阶级力量弱小，儒家思想仍居正统地位，康有为采用这个办法可以减少变法阻力。这与康有为的个人经历、学问素养也有一定的关系。

材料呈现：

材料三　一批一批的中国人接受了进化论；一批一批的传统士人在洗了脑子之后转化为或多或少具有近代意识的知识分子。就其历史意义而言，这种场面，要比千军万马的厮杀更加惊心动魄。

——陈旭麓《近代中国社会的新陈代谢》

材料四　据统计，1895年以前全国报刊只有15家，但戊戌时代三年之间，据初步统计，数量跃至64家。1898年，学会、学堂、报馆合计达300所以上。《时务报》发行最高达到一万七千份，成为中国第一大报。

材料五　这些年来中国国民觉些甚么呢？第一，觉得凡不是中国人都没有权来管中国的事。第二，觉得凡是中国人都有权来管中国的事。

——梁启超《五十年中国进化概论》

材料六　甲午中日战争前30年间，民族资本的总额只有680万元，而甲午中日战争后3年间，民族资本的总额就增加了一倍多。

——人教版《普通高中课程标准实验教科书历史必修2》

问题探究：根据材料，分析维新变法思想在近代中国社会发展进程中的历史作用。

答案预设：从当时的社会思潮及知识分子变化方面回答。

教师引导学生小结：材料三显示出维新思想范围广泛，冲击力大，理论新。材料四展示出大众传媒的变迁。材料五说明中国人的民族意识、民主意识逐步增强。材料六说明民族资本主义的快速发展。我们根据上面的史料和所学知识可以看出：维新思想在政治上推动了戊戌变法，在思想上形成近代中国一次思想解放潮流，在经济上促进了资本主义经济的发展。

设计意图：通过新史料说明维新变法的影响，多角度引导学生学会探究学习，加深学生对维新思想历史作用的理解。

材料呈现：

材料七　谭嗣同在戊戌政变后说："各国变法，无不从流血而成，今日中国未闻有因变法而流血者，此国之所以不昌也。有之，请自嗣同始……

材料八　在老百姓眼里，"康党"根本不值得半点同情，他们都是一群瞎折腾的"白脸奸臣"，正如维新派也将一般老百姓说成"愚民""群盲"不可救药一样。戊戌政变发生后，与维新派走得很近的张荫桓也被捕入狱。由于英国公使的干涉，免死远戍新疆。在押解途中，"观者数万，咸呼曰'看大奸臣！'"……八国联军破城入侵，居然有人传言亲见是康有为带领洋兵进来的！

——王龙《天朝向左，世界向右——近代中西交锋的十字路口》

问题探究：变法者为了国家愿意去死，老百姓却把他们当奸臣，你认为问题出在哪里？你能开出药方吗？

教师引导学生小结：梁启超可能早在《新民说》(1902年)中给出了答案"苟有新民(指经过思想启蒙和教育培植而具有公民权利责任意识的新国民)，何患无新制度？无新政府？无新国家？非尔者，则虽今日变一法，明日易一人，东涂西抹，学步效颦，吾未见其能济也。"

设计意图：给出不同的观点史料，引起思维的碰撞，增强学生学习历史的兴趣。

三、透视:19世纪中国思想解放历程特点

表1-4　近代中国的思想变迁

人物	转变
林则徐	实现了思想从愚昧无知到开眼看世界
李鸿章	学习西方技术从空想到行动
郑观应	学习西方从技术到政治制度
康有为	学习西方政治制度具体化

特点1:内容上由学造器物到仿行制度。

特点2:活动上从理论主张到付诸实践。

表1-5　近代侵略战争与思想解放

转变与突破	时间
第一次转变——林则徐(思想转变)	鸦片战争
第二次转变——李鸿章(思想到实践转变)	第二次鸦片战争
第三次突破——康有为(学制度从思想到实践的突破)	甲午中日战争

教师进行本课小结:近代中国的沧桑岁月,缠绕着太多挥之不去的疑云和梦魇。泛黄的历史册页交织着奋争和苦难,激情与梦想,更有近百年的家国离乱与民生沉浮。中国社会的现代化转型,过程之艰难,时间之漫长,代价之沉重,堪称世界之最。而先进的中国人的探索在其中熠熠生辉,让我们简单小结本课内容,了解先驱者的足迹。

表1-6　19世纪先进的中国人政治主张与历史影响

派别	代表人物	主要主张	历史影响
地主阶级抵抗派	林则徐 魏　源	“师夷长技以制夷”	引导人们关注世界形势,对当时的思想解放有重要启迪作用
洋务派	曾国藩 李鸿章 左宗棠	“中学为体,西学为用”	迈出了中国近代化历程的第一步

续 表

派别	代表人物	主要主张	历史影响
早期维新派	王 韬 郑观应	发展民族工商业 实行君主立宪制度	为维新变法思想做了思想理论上的准备
维新派	康有为 梁启超 严 复	伸民权 设议院 变法图存	起到思想启蒙作用，促进了人民的觉醒，是近代中国第一次思想解放潮流

教师总结叙述：一路走来，19世纪先进的中国人从初看世界到学造器物、变法救亡始终围绕实现民族独立、国家富强进行着不屈不挠的实践，中国下一步将走向何方？敢问路在何方，不管前途怎样荆棘不堪，拼命硬干、舍身求法的人定然昂首前行，正如余秋雨写道："毫无疑问，最让人心动的是苦难中的高贵，最让人看出高贵之所以高贵的，也是这种高贵。凭着这种高贵，人们可以在生死存亡线的边缘上吟诗作赋，可以用自己的一点温暖去化开别人心头的积雪，继而，可以用屈辱之身去点燃文明的火种。他们为了文化和文明，可以不顾物欲利益，不顾功名得失，义无反顾，一代又一代。"

教学反思

本课打破了传统的教学结构，脉络更加清晰，有利于学生全面把握19世纪中国的思想发展历程，对于关键性的思想问题，也有深刻认知。教师语言生动、史料新颖，有利于调动学生的积极性。但其中的不足是：第一，部分史料较长，可以进一步精简。其次，教师在引导和课堂生成性方面可以进一步加强；第三，结尾部分可能会给学生重复的感觉。

第六节　教学设计中的学生参与:以“民主政治的扩展”为例

教材分析

本课主要包括两个方面的内容:一是法国共和政体的确立;二是德国特色的君主立宪制。随着法国与德国制定法案确立代议制,资本主义政治制度在欧洲大陆得到了进一步的发展。只有把《法兰西第三共和国宪法》和《德意志帝国宪法》的内容分析清楚,才能掌握资产阶级民主代议制,认识政治文明的一致性和多样性,否则就会偏离本课的主旨和方向。

学情分析

本课是人民版高中历史必修1专题七的最后一课,学生通过对本专题前两课《代议制的确立和完善》和《美国1787年宪法》的学习,对欧洲资产阶级民主代议制已经有了初步的了解,但是法国和德国代议制的建立过程曲折复杂,再加上学生知识比较零散,难以掌握本课的知识结构。

教学目标

一、知识与能力

1. 了解《法兰西第三共和国宪法》《德意志帝国宪法》的主要内容。

2. 比较法国共和制和美国共和制,英国君主立宪制和德国君主立宪制的异同,提高认识和分析历史问题的能力。

3. 分析资产阶级代议制在西方政治发展中的作用。

二、过程与方法

1. 通过对相关材料的补充，了解法兰西共和之路的艰难，初步掌握观察阅读、获取信息的学习方法。

2. 了解并根据《法兰西第三共和国宪法》《德意志帝国宪法》的主要内容，比较法国共和制和美国共和制，英国君主立宪制和德国君主立宪制的异同，提高学生比较、概括和阐释历史问题的能力。

3. 创设情境，组织讨论，掌握法国民主政治制度，认识历史是在不断发展前进的。

三、情感态度与价值观

1. 认识资产阶级代议制等民主制度的建立是人类历史的进步。

2. 认识资产阶级代议制建立的艰难性与曲折性，正确对待历史发展进程，总结历史发展规律。

3. 学会客观分析评价资产阶级代议制在西方政治发展中的作用。

四、教学重点和难点

重点：《法兰西第三共和国宪法》和《德意志帝国宪法》的内容。

难点：法国议会共和制的确立。

教学策略

1. 设计"靠左走还是靠右走？""要君主还是要共和？""总统制还是议会制？""实君制还是虚君制？"一系列表面相对矛盾，实则暗含着不同历史发展走向的标题，吸引学生通过对标题的兴趣从而去深入学习本课的内容。

2. 通过一系列渐进式的问题串引导学生掌握解决问题的方法。

3. 采取学生自主探究为主与教师适当引导、归纳、总结相结合的方法，建构知识体系。

设计思路

本课是根据新课程标准对学生进行思辨性教学，以培养学生思辨能力为主的一次尝试。在学生对政治史学习感到枯燥无味，学习兴趣下降的背景下，本课希望通过“靠左走还是靠右走?”“要君主还是要共和?”“总统制还是议会制?”“实君制还是虚君制?”一系列表面相对矛盾，实则暗含着不同历史发展走向的标题，吸引学生通过对标题的兴趣去深入学习，了解历史背后的不同选择其实是时代和历史发展趋势的要求。希望通过这些让人感到疑惑的问题让学生不是死记硬背历史知识，而是在思辨中，在掌握不同史料的前提下做出自己的判断，让学生站在历史的长河中去感受它的发展，在加深知识的理解中慢慢地提高自己对事务的判断能力，从而成长为一个有思想力的合格的公民。

设计特色

由于历史和国情的不同，法国与德国分别确立了共和制和君主立宪制政体，但是无论是法国还是德国，都是通过法案的形式确定的民主政体，这体现了政治文明的统一性和多样性。随着法国与德国资产阶级代议制民主的确立，也意味着民主化、法制化已成为人类历史发展的主流。通过“靠左走还是靠右走?”“要君主还是要共和?”“总统制还是议会制?”“实君制还是虚君制?”一系列表面相对矛盾，实则暗含着不同历史发展走向的标题，吸引学生深入探究法国与德国不同的政治体制，认识政治文明的统一性和多样性。

教学过程

一、靠左走还是靠右走?

上学放学的路上，大家是习惯靠左走还是靠右走?

预设答案：靠右走。

对我们而言，靠右走已成为一种习惯，一种规范，但在18世纪末的法国，靠左走还是靠右走却已经上升为国家前途和命运的选择，上升为历史发展方向的选择。因为法国的贵族习惯于左行，在法国底层民众看来靠左走便意味着特权和压迫，而靠右走则意味着革命和反抗，靠右走体现了民众对平等自由和民主的向往。带着这份期望，法国人民靠右走攻向了巴士底狱，掀起了法国大革命，迫使法国的权贵为了自保纷纷加入了靠右走的行列。此后靠右走更是成为一种追求平等自由和民主的精神，指引着法国最终走上了民主共和的道路。下面就让我们共同走进当时的欧洲，走进当时的法国和德国，去感受民主制度在欧洲的拓展。

设计意图：设置与学生生活相关的问题，激发学生的兴趣，从而快速融入历史情境，使学生迅速进入学习状态。

二、要君主还是要共和？

材料呈现：

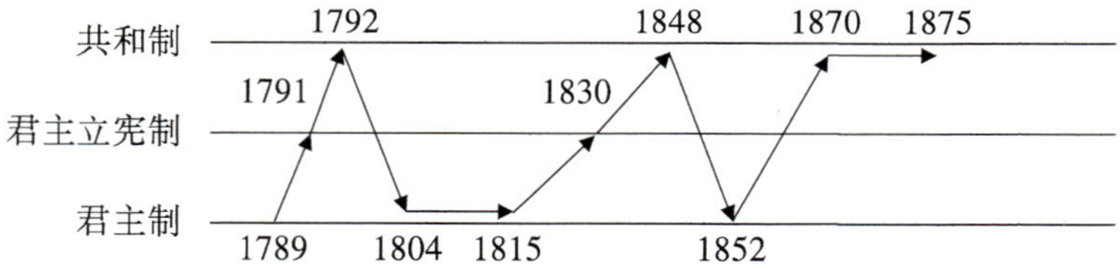

图 1-1 法国共和制确立过程的示意图

问题：从1789法国大革命的爆发到1875年《法兰西第三共和国宪法》的颁布，在这长达86年的斗争中，共和制与君主制反复交替。这意味着什么？为什么法国共和制的确立如此艰难曲折呢？

预设答案：君主派势力的强大，资产阶级力量的弱小。法国共和制确立如此艰难曲折的原因是欧洲其他国家的干涉。法国资本主义发展相对薄弱，资产阶级力量弱小。法国曾是典型的封建专制国家，君主思想长期存在。

设计意图：学习法国共和制，首先要了解法国共和制确立的背景，认识法兰西民主共和之路艰难曲折的历程，分析导致其艰难曲折的原因。

通过材料和渐进式的问题串一步步地引导学生分析法国确立共和制艰难曲折的原因，符合学生的认知水平。

过渡：虽然有着如此多的阻碍，但经过86年的艰难斗争，1875年共和派终于以一票的微弱优势通过修正案，并在此后把这种优势一直延续和扩大，从而确立了共和体制。从之前的学习中我们得知英国确立的资产阶级代议制是议会制君主立宪制，美国确立的是总统共和制。法国实行的是哪种共和政体呢？

三、总统制还是议会制？

让我们先来看看不同版本的教材是如何表述的。

材料一 1875年1月国民议会终于通过了法兰西第三共和国宪法，确立法国为总统制共和国。

——岳麓版《普通高中课程标准实验教科书高中历史必修1》

材料二 1875年初，在广大人民群众坚决拥护下，国民议会通过了法兰西第三共和国宪法，从法律上正式确立了共和政体。

宪法规定立法权属于议会……

宪法规定国家的行政大权由总统掌握……

——人教版《普通高中课程标准实验教科书高中历史必修1》

讨论：你赞同哪本教材的观点？还是有自己的观点？请说出你的理由。

教师点拨：回顾总统共和制和议会共和制的不同。总统共和制：国家权力中心在总统，总统有实权。总统由选民选举产生，总统行使权力时，对议会不负责任，只对选民负责。总统任命和组织政府，政府对总统负责。议会只有在总统违反宪法时才能对总统提出弹劾，议会无权使总统和政府辞职，而总统也无权解散议会。议会共和制：议会处于国家权力的中心地位，由选举产生的议会不但是国家的最高立法机关而且是国家的最高权力机关。内阁政府由在议会中占多数席位的一个政党或者政党联盟组成，而且对议会负责。议会制共和国可能有总统，但不掌握国家实际权力，总统作为国家元首处于虚位。如果我们只是把目光局限在1875年《法兰西第三共和国宪法》上，可能永远得不出答案。但历史是发展的，是前进的,一国政体也可能随着时间而变化。根据1875年《法兰西第三共和国宪法》当选为总统的是麦克马洪,由于共和派的不断斗争,他从1877年10月就放弃了宪法赋予的权利,之后格列维在当选总统后马上发表声明"我真诚地服从议会制度的大法,我永远不与宪法机构所代表的国民意志作对",正是由麦克马洪和格列维两位总统的主动退让,法兰西第三共和国终于变成了一个议会制共和国。岳麓版和人教版教材的编辑们也认识到这个问题,对有关法国政体的表述进行了修正。

问题:通过以上学习你对法国确立共和政体的过程有何感想和体会?

预设答案:不能孤立地看问题,历史是发展的,是前进的,一国政体也可能随着时间而变化。

设计意图:通过讨论,使学生认识总统共和制和议会共和制的区别,了解政治文明的多样性。认识到历史是发展的,是前进的,要用发展的眼光看问题。同时不要迷信权威,学会运用史料解答问题,做到论从史出。

过渡:当法国人民在靠左走还是靠右走,要君主还是要共和,总统制还是议会制的选择中有了自己的答案时,它的邻国,处于欧洲中部的德意志又做出了怎样的选择?

四、实君制还是虚君制?

1871年初,德意志帝国建立。不久德意志帝国宪法颁布,确立了德国君主立宪制政体。

材料一　我们这里不是英国,我们这些大臣是皇帝的奴仆而不是你们(指议员)的奴仆!

——俾斯麦

问题:俾斯麦眼中德国皇帝和议会及大臣的关系是怎样的?

预设答案:德国皇帝掌握国家大权,议会和大臣都要向皇帝负责。

过渡:德国的君主立宪和英国的君主立宪一样吗?让我们首先来看看两国法律在君主权利上的规定有何不同?

材料二　皇帝有权召集、召开联邦议会的帝国国会,以及使议会延期结束。……皇帝有权签署和公布帝国法律并监督法律的实施……帝国的全部陆军组成一支统一的军队，在战时、平时均由皇帝统率……皇帝委派官吏、命令他们宣誓效忠帝国，并在必要的情况下，命令他们退职。

——《德意志帝国宪法》

材料三　未经议会同意，国王无权废除法律或停止法律的执行……未经议会同意，国王不能在和平时期招募或维持常备军……

——《权利法案》

问题：德意志皇帝和英国国王的权力有何不同？

预设答案：英国国王统而不治，德意志皇帝则掌握实权。

过渡：两国法律对议会权力的规定又有何不同？

材料四　第五条　帝国立法权由联邦议会和帝国国会行使之……

第十二条　联邦议会与帝国国会的召集、开会、延会、闭会之权属于皇帝……

第十五条　联邦议会的主席职位及其事务的领导权属于由皇帝任命的帝国首相，议员由皇帝任命，负责法律的审批……

第十七条　建议并公布帝国法律及监督其执行之权属于皇帝……

——《德意志帝国宪法》

材料五　未经议会同意，国王无权废除法律或停止法律的执行……未经议会同意，国王不能在和平时期招募或维持常备军……议会必须定期召开，议员的选举不受国王的干涉……

——《权利法案》

问题：两国议会的权力有何不同？通过材料的对比，完成表格。

预设答案：英国国王虽然是国家元首，但是处于统而不治的地位。英国议会掌握立法权、财政权等大权，议会权力至上，是国家的权力中心。德国皇帝则拥有国家军政大权。德国议会虽然行使立法权，但德国皇帝却对议会通过的法案有否决权，德国的权力中心是德国皇帝而不是议会。英国是议会制君主立宪制，而德国则是二元制君主立宪制。

过渡：德国为什么会建立这种二元制君主立宪制？

多媒体展示19世纪中期的德意志形势图(图略)。

问题：德意志要发展需要解决的首要问题是什么？普鲁士为什么能够完成德意志的统一？

材料六 德意志所瞩目的不是普鲁士的自由主义，而是普鲁士的威力……当代重大问题不是用说空话和大多数人的决议所能解决的……而必须靠铁和血来解决。

——俾斯麦

预设答案：实现工业、农业、军事的强大；俾斯麦的“铁血政策”。

设计意图：通过对德意志统一原因的分析，了解普鲁士的历史传统。认识每个国家由于历史与国情的不同，确立的政治体制也会各有特色。

问题：既然皇帝仍然拥有至高无上的权力，那么统一了德意志地区的普鲁士为何不坚持传统的君主专制，而非要给他披上君主立宪的外衣呢？

预设答案：19世纪，随着资本主义经济的迅速发展，民主化、法制化已逐渐成为社会普遍接受的原则，是人类历史发展的主流。德国皇帝为巩固统治也不得不顺应历史潮流，披上君主立宪的外衣。

问题：普鲁士为什么能够完成德意志的统一？

过渡：19世纪六七十年代，在俾斯麦的领导下，普鲁士通过三次王朝战争，完成了德意志的统一大业。1871年初，德意志帝国宪法体系建立。不久《德意志帝国宪法》颁布，宣布德国施行君主立宪体制。那么德国的君主立宪制和英国的君主立宪制一样吗？

设计意图：对比英德两国君主立宪制的异同点，认识政治文明的多样性，认识民主化、法制化已逐渐成为社会普遍接受的原则，是人类政治文明发展的重大进步，也是人类历史发展的主流。

五、本课小结

从17世纪英国君主立宪制的确立到19世纪德意志帝国宪法的诞生，经过200多年的曲折发展，资本主义代议制政体在西方普遍建立。正如历史学家马克垚指出的那样：“在人类文明的发展历程中，民主成为人类政治的最大诉求，他体现出人类对自由平等这两个终极价值的本能诉求，尽管实现它的道路艰难、曲折、漫长，但既然进程已经开始，那我们相信民主的脚步必不停歇。”

第二章　课堂教学——教学立意与教学方法

教学知识传授和教学过程参与的取舍问题一直困扰着中小学教师。这实际上体现了教师对教学的看法,具体而言是指对教与学关系的认识问题。第一,课堂教学要满足全体学生的整体需要。第二,能够满足学生心理需要的课堂教学是适合学生需要的课堂教学。如被发现的需要,被赏识的需要,被尊重的需要,被关爱的需要,自我实现的需要。第三,能够满足学生情感需要的课堂教学是适合学生需要的课堂教学。在课堂上适时地创造师生间、生生间情感交流的情景和机会,帮助学生与他人之间构建起共同解决困惑、共同享受成功的喜悦,共同品味进取乐趣的情感交流的立交桥。第四,能够满足学生发展需要的课堂教学是适合学生需要的课堂教学。帮助学生学会在新旧知识间构建起必要的联系,帮助学生实现由旧知识向新知识的过渡,帮助学生掌握必要的科学的学习方法和策略,帮助学生自我定向、自主探究、自行检测并实现自我校正、自我激励、自我发展。

新课改以来,无论是在教育观念上,还是在教学结构上,都在朝着以学生的学习为中心这一核心观念发生转型,也就是"以学定教"。

回顾以往的课堂教学改革,改来改去,说到底都离不开下面这两条:要么是鼓励学生自觉学习,要么是探索班级体制下不同类型的学生如何区别对待。凡是在这两点上取得一些经验的课堂改革,往往都是比较成功的。现在课堂教学改革的方向,一是课堂教学开始于学生的独立学习和预学准备,开始于教师了解学生知道什么和能做什么;二是评价始终与教学过程平行。美国有一位功勋教师曾说过一句话:"教重要的在于听,学重要的在于说。"课堂转型最为核心的一句话就是"以学生的学习为中心来组织教学"。这不仅是我们将来课堂教学改革的方向所在,也是国际上课堂教学发展的潮流所向。

第一节　教学立意与课堂教学

教学立意是历史教学的灵魂，如何找准教学立意，如何围绕教学立意构建课堂教学，成为衡量教师教学能力的重要指标。中学历史教师如何立足教材，通过深入分析教材，并进行相关的史学阅读，从而更好地理解教材，进而找出相关的教学立意，在寻找历史课“灵魂”的道路上，教师不能自我满足，要不断地努力探索。

一、以教学立意引领课堂教学

对应《空前严重的资本主义世界经济危机》的高中历史课程标准要求核心是“认识罗斯福新政的历史背景”。从教学内容来看，知识略显单薄。从教学重难点分析，资本主义经济危机产生原因的分析具有一定的教学难度。在教学设计中依据教学立意对本课教学内容进行整合，形成系统的知识体系。以资本主义经济发展为主题，整合为柯立芝繁荣、1929年大萧条、胡佛的应对和罗斯福新政四大知识板块，有助于提升学生历史学科的学习能力。

（一）教学思考

针对《空前严重的资本主义世界经济危机》一课，高中历史课程标准要求“了解1929—1933年资本主义世界经济危机爆发的原因、特点和影响，认识罗斯福新政的历史背景”。在教材编写方面，人教版和人民版教材将本课独立成篇，而岳麓版则将本部分的内容与罗斯福新政并为一课。从中不难发现，课程标准的内容重心意在分析罗斯福新政的历史背景。

从教学内容来看，知识略显单薄，有可能面临着不到四十五分钟就结束课堂教学的尴尬。从教学重难点分析，面对学生知识储备明显不足，学科能力需要提高的现状，资本主义经济危机产生原因的分析是教学的重点和难点所在。

通过对课程标准的学习，对教材理解分析，反复多次备课，笔者决定对本课教学内容进行整合，形成系统的教学体系。教学立意实质上是对教学内容一种宏观上的指导，从历史教育的视角出发，通过对知识的整合，帮助学生从更高的层次认知历史，从而提高历史教学的思想性和逻辑性。《空前严重的资本主义世界经济危机》以资本主义经济发展为主题，胡佛总统任职为线索，整合为柯立芝繁荣、1929年大萧条、胡佛的应对和罗斯福新政四大知识板块，感知资本主义经济经历着“夏、秋、冬、春四季变迁”，以此提升学生的历史思维和认识水平。

（二）教学过程

在教学设计的导入部分要紧紧抓住学生，调动学生参与课堂教学的积极性，形成良好的师生互动，因为良好的开端是成功的一半。

师：在美国，有这么一位历史人物，9岁父母双亡成为孤儿，17岁被斯坦福大学录取，34岁成为美国百万富翁，44岁任美国第31届总统。这个人就是胡佛。胡佛于1929年就任美国第31届总统，胡佛过去的经历可以说他是不幸中的幸运儿，幸运的成功者，“美国梦”受益人和践行者，但在1933年离任的时候，美国的多数民众对他没有什么好感，甚至有媒体评价他是个“失败的倒霉蛋”。对这样一位历史人物，你有着怎样的评价？

设计意图：通过对胡佛在总统任期前后的比较，让学生感知到一种矛盾和冲突，从而激发学生的思考：“胡佛总统任职前后人们对他的认知为什么会出现如此大的反差”，从而思考胡佛总统在1929年经济大萧条中充当着一个什么样的角色。

1. 映日荷花别样红：柯立芝繁荣

材料一　我们所达到的高度舒适和安定，在世界历史上乃是前所未有的。我们摆脱了普遍的贫困，于是获得了空前的高度个人自由。我们对于我国各项制度的忠诚与关切，乃是既深刻而又真诚的。我们正在稳步地塑造一个新的种族，建设一种拥有自己伟大成就的全新文明……对于卡尔文·柯立芝在这个伟大的复兴时期所作的明智领导，全国人民都满怀深深的谢忱。

——胡佛总统就职演讲（1929年3月4日）

材料二　据美国联邦商务委员会1926年关于国家财富及收入的报

告，国内占人口1%的最大资本家占有财富达59%；占人口12%的小资本家占有财富达33%，而占人口87%的广大人口包括产业工人、小农及小店主等却只有8%，而其人数在一亿零四百万以上。1924年，占全部股东4.6%的人，却占有全部股票的76.9%。在经济“繁荣”期间，金融界和商业界资本家们从国民收入的增长中所得到的好处远远超过工人和农民所得到的。

——韩安俊《美国“柯立芝繁荣”的几个问题》

师：材料一反映胡佛总统对美国经济未来发展的信心，这种信心有着足够的理由。20世纪20年代美国迎来了柯立芝繁荣时期。在1924年，美国掌握的黄金总额已达世界黄金储存量的1/2，控制了国际金融市场，战后资本主义世界的金融中心由英国移到了美国。材料二中反映出美国经济所存在的危机，如社会贫富分化，股市泡沫等。大量的财富虽然掌握在少数人手中，但是这一小部分人的购买力是有限的，庞大的财产不可能都用来消费，然而占人口大多数的普通百姓，虽然看上去是庞大的消费群体，但由于财富有限，也不能使他们的购买力得到百分之百的发挥，这样一来，繁荣的景象无法带来更加繁荣的消费刺激，反而导致国内市场的萎缩。其次，财富分配不公平现象的存在，必然导致社会矛盾的产生，带来许多不稳定因素。

2.秋风秋雨愁煞人：1929年大萧条

材料三　到1933年，整个1920年代的繁荣被一扫而光，“……失业了，到处找工作也是枉然，鞋子已经磨破，衣服越穿越褴褛，家具和小摆设典当殆尽，饭桌上看不到肉的影子……用空包装箱搭起的棚屋区如雨后春笋般出现在美国各个城市四周，比比皆是，无家可归的人们蜷伏其中，沦于行乞的苦境。”与1929年的繁荣顶峰相比，GNP下降了1/3，仅相当于1922年的水平；制造业生产指数跌了20多点，退回到了1920年代刚开始的水平。

——陆甦颖《胡佛与美国1929—1933年大萧条——重评胡佛的反萧条措施》

师：美国经济出现了问题，股市崩溃，银行倒闭导致了金融危机；企业破产，失业剧增导致了工业危机；农产品价格下跌导致农业危机；人民生活水平下降导致了民生危机。经济危机导致广大工人失业，他们在贫困线上挣扎。越来越多人不得不思考，是什么导致经济危机出现？经济危机出现背后深层次的原因是什么？

材料四 寒冷的北风呼啸着，一个穿着单衣的小女孩蜷缩在屋子的角落里。

“妈妈，天气这么冷，你为什么不生起火炉呢？”小女孩在瑟瑟发抖。

妈妈叹了口气，说：“因为我们家里没有煤。你爸爸失业了，我们没有钱买煤。”

“妈妈，爸爸为什么失业呢？”

“因为煤太多了。”

——20世纪30年代初一个美国煤矿工人家的场景

师：小姑娘的爸爸生产出如此之多的煤炭，为什么她家还用不上呢？她爸爸生产出来的煤炭归资本家所有，是不可以随意拿回家的。与此同时，资本家给她爸爸的工资非常低，失业之后则完全没有了工资，缺乏购买最基本生活资料的能力。

所以，不难发现经济危机特点是生产的相对过剩，相对于劳动人民的购买力是过剩的。经济危机背后深层次的原因则是生产资料的私有制和生产社会化之间的矛盾。威廉·曼彻斯特就在《光荣与梦想》一书中说“在同一时间、同一国家里，既是生产过剩，又是消费不足。”并且人们还发现以往缓和社会贫困所依赖的私人机构和资源帮不上大忙，而公共机构——市政府和州政府也都疲于应付。因而，也可以说20世纪20年代末的这次经济大危机是资本主义基本矛盾激化的结果。

通过对具体历史现象的分析，逐步接近于历史真相，从而对历史现象背后本质有更深的理解。

3.风萧萧兮易水寒：胡佛的应对

材料五 1926年10月股崩后，胡佛遂于11月19—22日在白宫连续召集企业界巨头、劳工领袖等私下会议。经其协调，暂时达成了相互合作的君子协定即企业界保证维持现有工资水平、劳工承诺不进行罢工。从短期效果来看，白宫会议在早期对于稳定人心、防止崩溃的更大蔓延起了一定的作用。尽管失业人口近300万，但比1920—1921年经济衰退时要低很多，仅比1922年高了1个百分点。这种协定毕竟是理想化的，很快由于受国际金融动荡等因素影响，企业界巨头们首先背叛了胡佛，所谓的君子协定也宣告破产。

——陆甦颖《胡佛与美国1929—1933年大萧条——重评胡佛的反萧条措施》

师：面对1929年经济大萧条，胡佛总统明显对其认识不足。1930年12月，当萧条已经十分明显时，他依然在其年度咨文中表示，“经济萧条不可能因立法行动或政府声明而恢复。经济的创伤必须要靠经济机体本身细胞即生产者和消费者自己的活动来治愈。合作行动将加快恢复的进程，萧条的破坏会减轻。”从中不难发现，胡佛在处理经济危机中依然坚持自由主义的经济思想。

材料六　胡佛面对萧条时既非无能也非无为，更多是无奈。胡佛在萧条中表现出的那种有为又无为的态度，何尝不是代表了当时美国社会很多人的心态呢？

——陆甦颖《胡佛与美国1929—1933年大萧条——重评胡佛的反萧条措施》

师：胡佛总统对自由主义经济政策的坚持，从某种程度上来说，也是美国民众对自由主义坚守的反映。由此可见，胡佛总统注定在美国历史上以悲剧角色结束。

4.病树前头万木春：罗斯福新政

材料七　应该说，罗斯福是站在胡佛的肩膀上成功，因为新政时期某些政策实质是胡佛政府时期政策的某种延续、深入和强化。从这个角度说，胡佛的反萧条措施并不完全失败。罗斯福的幸运在于他是在大萧条走过了强烈初始冲击后进入部分复苏时上台的，这为他赢得了当时正想彻底检修经济运行机制的人民的支持。罗斯福之伟大在于他不失时机地抓住机遇果断行事采用新论推行新政。

——陆甦颖《胡佛与美国1929—1933年大萧条——重评胡佛的反萧条措施》

师：罗斯福新政是美国历史上一次重要的改革，是美国统治阶级面临经济大危机的危局为稳定资本主义制度而对生产关系的局部调整。罗斯福总统的成功是在胡佛原有改革基础上不断深入，甚至可以说罗斯福总统继承发展了胡佛的改革。胡佛的失败在一定程度上成就了罗斯福的成功，因为罗斯福新政具有更为广泛的群众基础。

改革者成败于历史长河中，很多时候已经不是由改革者自身所能决定，它需要更为肥沃的历史的土壤。

（三）教学反思

作为一节公开课的教学设计，在教学立意上，以资本主义经济发展的历程贯穿于教学设计过程中，以“四季变迁”呈现资本主义经济发展历程，立意比较新颖，有一定的深度，符合教情，能够调动学生参与课堂教学的积极性，是符合学情的，从而有助于课程标准要求的达成。

在历史知识教学的要求上，通过历史新材料，创设新情景，在一定程度上突破了课本原有的知识框架，比如胡佛总统应对经济危机的措施、经济危机原因的分析、罗斯福新政和胡佛之间的关系等，有助于学生通过不同的视角分析1929年经济危机的原因。在历史方法层面，遵循学生逻辑思维发展的规律，由浅入深，环环相扣，一问带出多问，通过多角度设问，引发学生全面而又深入的思考。不论是问题的设计，还是史料的引入，都是遵循学科思维渐进发展的原则。

“教学立意，在宏观上是历史教学的取向或意旨，承载了历史的内涵和价值，体现了历史教育的理念和视野，能帮助学生从更高的角度体悟历史；在微观上则统摄着教学内容的选择和组织，以及为之服务的教学策略和教学评价。而具体教学过程的各个环节均紧紧围绕着教学立意展开，能帮助学生获得结构化的知识与能力。简而言之，教学立意能增强历史教学的思想性、逻辑性、结构性、探究性。”①

二、信息技术在高中历史教学中的价值体现

历史是一个包罗万象的巨大信息世界，中国有着悠久的千年文明，世界历史更是浩如烟海。历史涵盖了人类社会生活的政治、经济、法律、宗

① 侯桂红：《试论历史教学立意的概念、确定方法和评价标准》，《历史教学》2015年第7期，第18页。

教等的方方面面。人类对历史的了解,主要依靠各个时代遗留下来的遗址、文献资料等。因此,历史教师在日常教学的过程中,仅仅依靠一本教师教学用书显得太杯水车薪了。

伴随着信息化时代的不断发展,以计算机和互联网为代表的当代信息技术正以惊人的速度改变着人们的生活方式和学习方式,同时也为历史教学改革提供了更为丰富的土壤。信息技术的支撑,可以使得高中历史课堂教学活动,冲破时间和空间的限制,更为形象具体地展示历史教学的内容。

(一)运用信息技术提升历史教学的有效性

在历史课堂教学中利用信息技术,对推动历史教学的改革,提高教学质量,拓宽教师和学生的历史视野,必将呈现出传统教学手段无法比拟的优势。所谓信息技术与学科整合,就是通过学科课程把信息技术与学科教学有机地结合起来,对高中历史课程而言,就是将信息技术与高中历史学科的教与学融为一体,将技术作为一种工具,提高教与学的效率,改善教与学的效果,发挥信息技术在高中历史教学中的技术支撑作用。它的研究与实施为培养学生主体性、创造性、创新精神和实践能力创设了良好的基础,推动高中历史教学朝着自主的、有特色的课程教学方向发展。

信息技术以计算机作为中心,将动画、图像、声音、视频等多种信息技术手段结合起来,将人机交互性的强大功能展现出来。为此,高中历史教学并不排除应用现代化技术手段。通过教学课件、教学视频等多媒体手段可以将过去单纯地靠口头上、黑板上传授知识的弊端消除,也能够将历史课程的知识要点形象地展现在学生面前。通过多媒体技术,教师可以编写、剪辑出课件和视频供学生使用,尤其是涉及某一个具体的历史时代的历史人物的时候,就可以将历史人物的简介和历史故事通过教学课件和多媒体视频的方式呈现出来,与学生共同探讨。通过这样的操作,能够起到“活化”历史人物的作用,也可以让学生在观看视频的同时,将知识映入脑海。历史与学生的日常生活是密不可分的,目前有很多关于历史题材的电视剧、电影,在讲述历史故事时,我们也可以通过相应的电视剧、电影题材来吸引学生的注意力。如讲述人教版高中历史必修1《辛亥革命》

这一课内容时，为了让学生对辛亥革命的原因、经过等有一个全面的了解，让学生永远的记住这一历史事件，我们就可以让学生欣赏由成龙等主演的电影《辛亥革命》以及马少骅、姚居德、张秋歌、文清、张页石等主演的《辛亥革命》连续剧的经典片段。通过这样的方式，不仅可以让学生对辛亥革命相关内容有所了解，也可以让学生产生一种"跟随"辛亥革命的感觉，那些音乐、图片都深深地映入了学生的脑海，这样也使得高中历史教学中信息技术的运用更加游刃有余。

作为高中历史教师，应当深入了解学生的知识理解规律和心理特点，合理地运用现代信息技术设置出让学生赏心悦目的教学情景，从而将学生学习高中历史的兴趣激发出来，让学生有一种身临其境的感觉，如此才能够提升高中历史课堂的教学效率。如在讲述人教版高中历史必修1《甲午中日战争》相关的历史事件时，就可以先让学生观看一些关于甲午中日战争和八国联军侵华的图片、视频等。首先引起学生对历史事件的兴趣，然后再通过问题的巧妙设计，就能够让学生更好地融入到教学中去，这样也有利于教学效果的提升。

互联网科技的快速发展将原本庞大的世界缩小到我们可以"掌控"的范围内，各式各样的信息资源瞬间传递到世界各地。在高中历史教学中融入互联网技术与知识，可以让学生在浩瀚的互联网资源当中找寻到自己所需，汲取营养。如在岳麓版高中历史教材必修3中《19世纪以来的世界文化》这一单元中的《音乐与美术》教学中，我们就可以通过互联网搜索出有关19世纪音乐与美术的图片、简介等信息，而不是依靠课本上单一的文字图片的简单介绍，这样也能够活跃课堂气氛。更深层次来讲，通过对19世纪音乐与美术信息资源的搜索，可以让学生得到心灵上的熏陶，让学生在不知不觉中感受到文化的魅力。在课堂讲解上，还可以借助互联网搜索，将19世纪的音乐与美术等资源进行整合，制作成视频、课件供学生学习，这样不仅有利于丰富学生知识，也能让历史教学更加现代化、更加全面。

用信息技术推动高中历史课堂教学的优化，就是通过信息技术的运用，实现高中历史教学的内容可视化。由于历史学科有别于其他学科，具有时空距离所产生的丰富性、不可复制性等特点，学生可以在教师的合理引导下,带着兴趣去了解、回顾过去的历史。由于历史是无法被覆盖的,教师让部分历史以信息技术独有的方式呈现在学生面前,这样能够拉近学生与历史之间的距离,让学生能够在合理的、科学的范围内接触历史,感受到历史最真实的存在。传统模式下的历史教学中能够使用的教学材料非常有限,一般都是在备课的时候通过有限的辅导材料与教材相结合,但是这样的课堂教学过于抽象单一,枯燥的历史知识很难调动学生的积极性,教学效果不够明显。随着现代化信息技术的发展,信息技术逐渐应用在高中历史课堂中,通过课前网上资料的搜集与教学内容相互结合,能大幅度地提升课堂趣味性,让历史课堂教学生动化、丰富化。并且,信息技术的运用不仅有利于建立新型的师生关系,也能够为学生留下更多自主发挥的空间,提升学生的学习主动性。

(二)正确处理信息技术与历史教学关系

尽管在中学历史教学中采用信息技术辅助教学有诸多优点,但那只能是教学过程中的一种手段,并非是使用了多媒体教学手段就能保证教学的成功和达到预期的教学目标,而需要我们根据历史教学的特点灵活地选择教学手段。因此,要真正达到良好的教学效果,还必须处理好几个关系。

任何手段都是为目的服务的。多媒体教学手段必须服从于课时的教学目标、单元教学目标、课程的教学目标乃至服务于学生发展这一最高目标。因此,紧紧为教学目标服务,在一定的教学目标、内容下,在教学计划中对教学手段进行选择,使某种媒体技术适应于某一教学活动,充分发挥出它们的功能,达到最大的效用,而不必要用的地方则坚持不用,以免喧宾夺主,流于形式。所以,根据每堂课的教学目标需要决定是否使用多媒体课件进行教学,是获得事半功倍效果的关键。

在教学系统中,包含教师、学生、教学内容和教学手段四个要素。作为整体的各个部分,它们各司其职,又相互联系。要保证手段的应用取得最佳效果,必须研究系统中各其他要素及其组合,不能将多媒体教学手段游离于教学内容之外。教学内容是动态的还是静止的？是抽象的还是具体的？这些问题对教学手段的选择有很大的制约作用。因此,选择多媒体教学手段仅仅注意到自身的因素是不够的,必须对教学内容进行深入研究，根据内容的需要进行选择，才能使课堂教学达到最佳效果。总之，要充分发挥信息技术在历史课堂教学中的优点，不仅要有熟练的应用技术，还要在一定的现代教育理论支撑下，正确处理好教学手段与教学目标及教学内容的关系。

总之，随着我国社会经济的不断发展，运用信息技术进行高中历史课堂教学优化已经成为教育事业发展的必然。虽然目前还未能达到完全的普及，但随着信息技术的不断发展，信息技术对于提高高中历史课堂教学效率必将产生重大的推动作用。如何准确把握好信息技术在高中历史教学中的运用，对一线高中历史教学而言是个全新的课题，值得大家深入思考。

第二节 课堂教学有效性研究

2017年11月初，安徽省高中历史新课程课堂教学竞赛活动在安徽省淮北市濉溪中学举行。笔者观摩了五位教师的竞赛展示课人教版高中历史必修3中的《从蒸汽机到互联网》一课，选手们在很短的时间内都做了精心的准备，依据课程标准深化教学立意，依据教学立意重构教学内容，拓展历史教学广度，注重探究性学习，可以说竞赛现场精彩纷呈，高潮迭起。竞赛展示课内容对高中历史课堂教学具有很强的引领性、学习性和参考性。美中不足的是选手们准备时间有限，现场课堂教学的偶发性等因素导致在课堂教学中存在着这样或那样的问题。在此，笔者就选手们在教学设问环节所存在的问题并结合日常课堂教学，试通过本文就教学设问的有效性进行一些探讨。

“课堂提问是课堂教学的常用方法，是提高课堂教学质量和教学效益的重要手段。教师设计课堂提问时不仅要考虑教学内容的要求，还要考虑学生已有的知识基础、年龄特征和思维特点，故课堂提问具有预设性、生成性和互动性特点。课堂提问的过程是引导学生思考的过程，是师生思维相互激发并逐渐深入的过程，决定了学生参与课堂学习的广度和深度，是课堂教学对话的关键。”①

一、教学设问的明确性

教学设问的目的是“通过问题驱动增强学生适应新情境问题的能力，优化学生的心理结构，以形成清晰的认知图示，发展学生的历史思维”②。

选手们通过新材料创设新的情景，有助于提高学生参与课堂教学的兴趣，激发学生思考的欲望。但选手们在问题设计上过于宽泛、目标性不明确，学生参与课堂教学积极性无法找到可靠的落脚点。学生们为了比赛的应景答案可谓“漫天飞舞”，看似热闹，但课堂教学的有效性其实是大打折扣。

材料一　蒸汽机的历史意义，无论怎样夸大也不为过。它提供了治理和利用热能，为机械供给推动力的手段。因而，它结束了人类对畜力、风力和水力的由来已久的依赖。

——[美]斯塔夫里阿诺斯《全球通史》

设问：结合教材和材料分析，蒸汽机的改进给人类社会带来什么变化？

分析：“蒸汽机的改进给人类社会带来什么变化”这样设问过于宽泛，让学生找不到回答问题的落脚点，只能是东一拳、西一脚，如“推动近代化”“世界日益联系为一个整体”等回答。设问的不明确导致了学生对问题只能是泛泛而谈，既得不出选手们渴望的答案，对学生的学科能力的培养也是少有提高。如果在设问中依据材料，明确指向，可能会取得更好的课堂教学效果，如“蒸汽动力对工农业发展、人们生活等方面会带来哪些变化？”这样的设问从人类社会这个庞大的命题明确为工农业生产和社会生活，将学生对问题的思考确定在可控的范围内。

① 刘汝明：《中学历史课堂提问研究综述》，《中学历史教学参考》2016年第6期，第59页。

② 陈辉、郭子其：《研究性学习视域下高中历史问题教学初探》，《课程·教材·教法》2016年第10期，第82页。

二、教学设问的层次性

选手们在问题设计时，更多的考虑是教学目标如何实现，教学任务如果落实，如知识的掌握，学科能力的要求等。如此急切的心态导致其问题设计难度过大，在课堂教学中这些问题一一抛给学生，实际上对学生而言更像是当头一棒，不知所措，选手想要的答案在学生那里怎么也找不到。因此，教学问题的设计要贴近学生的实际，学生现有的知识储备如何？学科能力培养的起点在哪？将学生历史知识储备的现状和教学目标的实现有机结合在一起去设计问题，展开教学，才能找回我们所期待的精彩课堂。

材料二　没有河流的广大地区无法使用水力机；水力机普遍功率不大，很少能超过10马力；水力机有时影响行船和捕鱼等；水力机不能安装在车船等运动的交通工具上。蒸汽机则没有上述的缺陷，优越得多。

——张箭《论蒸汽机在工业革命中的地位——兼与水力机比较》

问题：蒸汽机在工业革命中发挥着怎样的作用？在人类发展史上有何划时代的意义？

分析：蒸汽机在工业革命中，尤其是在人类发展史上具有划时代的意义，这样的设问虽然直奔教学目标，试图尽快完成教学任务，但忽视了学生现有的知识和能力水平，坡度太大，学生面对这样的问题无法回答。如果我们的设问紧贴材料，注重考查学生对材料中信息的提取，在此基础上，循序渐进，环环相扣，形成问题链，问题的设计具有层次性，学生就有可能探究到问题的落脚点，激发其思考的欲望，从而有助于学生历史学科素养的提升。如依据材料二中蒸汽机和水力机的比较，蒸汽机优势主要在哪里？蒸汽机是如何推动工业革命发展的？工业革命是如何推动人类近代化的历史进程的？

材料三　技术进步似乎给予机器以特权……科学似乎最擅长研制毁灭性的机器，但是只能给人带来稍许的快乐，一点也没有尽力让他们过上好日子。

——[美]菲利普·费尔南德兹-阿迈斯托《世界：一部历史》

问题：如何看待机器和人类之间的关系？

分析：学生从材料中提取信息本身就具有一定的理解难度，加之机器与人类关系的设问难度陡然加大，学生感觉有话说，却不知道从哪开始说起。如果我们结合本课的知识，有针对性的设计问题，课堂教学的有效性就能得以提升。如结合第三次科技革命的相关史实，谈谈你对“（机器）只能给人带来稍许的快乐，一点也没有尽力让他们过上好日子”的理解？学生运用辩证唯物主义的史观，结合第三次科技革命的史实来回答问题就会显得游刃有余，就不显得问题过于突兀，无从下手。

“课堂设问的本身功能是为了给学生一个展现自己理解的契机，即学生已经知道什么（原有的知识储备），他们是怎样针对某一问题展开思考的（原有的思维习惯）。学生展现出的自己的理解，是教师实时了解学生学情的重要手段，制定更具针对性的教学措施的依据。这就需要我们在设问环节要有一个整体布局，以更充分、更具针对性地让学生展现出对课堂知识的理解程度。”①

三、教学设问的比较性

虽然面对的是高中学生，但其对历史认知多停留在史实层面上的，最多也就是对历史背景和影响格式化的分析。他们的思维能力有限，如何在课堂教学中培养学生思维的深度，是课堂教学需要努力实现的目标之一。因此，“在教学中，适时地提出比较性的问题，可以加深学生对历史现象的理解，产生更深入透彻的认识，也有利于他们由表及里地思考问题。”②

材料四　（是晚天气晴和，各电灯点亮后）“其光明竟可夺目。美记钟表行止点一盏，而内外各物历历可睹，无异白昼。福利洋行亦然。礼查客寓中弹子台向来每台须点自来火四盏，今点一电灯而各台无不照到。凡

① 陆杨、豆雨松：《从课堂实践看历史教学设问的逻辑》，《中学历史教学参考》2016年第9期，第67页。

② 吴金炉：《研究学生认知心理精心设计课堂提问》，《历史教学》2009年第17期，第12页。

有电灯之处，自来火灯光皆为所夺，作干红色。故自大马路至虹口招商局码头，观者来往如织，人数之多，与日前法界观看灯景有过之无不及也”。

——《申报》(1882年)

问题：材料中上海出现了什么新现象？给人们生活带来了哪些变化？

分析：材料让学生对工业革命给上海带来的新变化有了基本的感知，在此基础上结合所学知识分析“新变化”的内容，再进一步从社会生活史的角度分析工业革命的历史影响。历史思维的训练建立在对史实有基本感知之上，在此基础上通过比较性问题的设计和思考分析，从而有助于学生历史学科能力的培养。

材料五　日前，在沙特阿拉伯首都利雅得举行的“未来投资倡议”大会上，“女性”机器人索菲亚被授予沙特公民身份。她也因此成为史上首个获得公民身份的机器人。索菲亚在互动环节中说：“我的人工智能是按照人类价值观设计的，诸如智慧、善良、怜悯等。我将努力成为一个感性的机器人，我将用我的人工智能帮助人类过上更美好的生活。”

——《中国经济周刊》(2017年第43期)

问题：依据材料结合所学知识，谈谈你对人工智能发展的看法？

分析：教学设问的初衷是要求学生运用辩证唯物主义的观点对人工智能的发展进行比较分析，体现了教学目标的要求，但设问坡度过大，学生在组织答案过程中，要点显得凌乱。如果将这个问题拆分为两个小问题就有利于学生回答：人工智能机器人与普通的机器比较有什么不同？依据材料并结合所学知识，人类如何更好地运用人工智能技术？人工智能与普通机器最大的不同就是按照人类的价值观设计，这个要点是直接对材料中有效信息的提取。在此基础上，再进一步分析如何运用人工智能技术，坚持一分为二，扬长避短，为我所用的原则。这样的设问有铺垫，学生能回答；有比较，学生能提高，教学目标的实现就显得水到渠成。

课堂教学的重要内容就是通过问题教学引导学生探究问题，教学设问的质量在相当程度上影响课堂教学效果，尤其是学生参与课堂教学程度和深度。选手们在问题设计时，首先需要考虑学情，以学定教，只有这样才能提高学生参与课堂教学的积极性和主动性，从而发挥学生的主体作用。其次要根据教学目标注重问题设计难度，有助于提高其学科素养，这也是选手(教师)在课堂教学中占主导地位的体现和要求。

“当学生解决了一个代表真实事件的问题时,他们从事的就是一种思维行为,当然问题是有多种的,对这些问题解决的方法则更多,在获得问题有效解答时,学生也就获得一种新能力。”①

第三节　课堂教学与实证史料

“史料实证”素养是指学生能够在真实、可靠的史料基础上得出历史结论和评判的能力和品质,它是学生进一步养成历史理解、历史解释及历史反思素养的基础。在历史课堂教学中,要“大胆假设,小心求证”,巧用史料作为探究历史问题的证据。这种历史学习的方式,可以培养以求真为中心的历史思维能力和探索精神。

一、概述古代中国监察制度的发展与特点

在中国几千年的政治文明发展过程中,监察制度发展与完善则是其中重要的组成部分,对我国封建统治的稳定和政治文明的传承都发挥着不可替代的作用。

早在战国时期,职掌文献史籍的御史就已有明显的监察职能,但作为一种严格意义上的监察制度还没有建立起来。秦始皇统一全国后,建立起了最早的国家监察机关。在中央以御史大夫为首长,在地方设立监察御史。汉承秦制,在西汉初年,中央仍设御史大夫作为主管官,负责对中央官吏的监督。对地方郡县的监察由丞相派遣丞相史负责,当时监察权则是在行政权之下。

魏晋南北朝时期,虽然国家处于分裂割据状态,但监察制度有了进一步的发展,首先皇帝直接领导独立的监察机构,其次言谏监督得到发展。隋唐时期监察制度随着中央集权制度的加强而日益成熟,监察机构更加

①［美］R.M.加涅等著,皮连生、庞维国等译:《教学设计原理》,华东师范大学出版社1999年版,第64页。

完备健全,形成了监察机构和谏议组织两个系统。

明朝的监察制度进一步加强,监察机构更加严密。明朝将御史台改为都察院,负责"纠劾百司,辩明冤枉,提督各道,为天子耳目风纪之司"。全国划分为13道监察区,下设13道监察御史,直接受命于皇帝,有独立进行纠举弹劾之权。清朝的监察制度又有所变化,将六科给事中归属都察院,实施了科道合一的监察体制。至此,我国古代监察系统达到了高度的体系化。

古代中国监察制度虽然建立在封建专制基础之上,并为以皇帝为代表的地主阶级专政服务,但它也具有纠察百官、保证吏治清明等积极作用,对封建王朝兴衰更替产生过重大影响。孙中山先生曾对中国古代监察制度做了充分的肯定,认为中国古代监察制度中的弹劾权是一种很好的制度,是"自由与政府中间底一种最良善之调和法。"[①]

(一)皇权阴影下的监察系统

在封建君主专制的体制下,国家的监察体制是由皇帝、各级官吏、各种机构和制度构成的,皇帝位于权力的顶端,居于礼法政刑之上,以下是各级官吏,底层是普通百姓。由于皇权至高无上,监察权永远是在皇权阴影之下运行。

秦朝的御史监察机关具有制约中央各机关以维护皇帝专权的作用。"汉代御史大夫的地位可与丞相相比。御史中丞则驻于皇宫,可察举三公。御史台设于宫中,直接受皇帝指挥。御史中丞和司隶校尉地位很高,在皇帝面前与丞相一样专席,被称为'三独座'。魏晋南北朝时期,御史台脱离少府节制,成为皇帝直接领导的机构。御史中丞有了'震肃百僚'的权威,职无不察,'专道而行',逢尚书郎亦得停驻。御史台不仅有监察权,而且立法之事也让御史中丞'参议断定'。唐代的监督机构要承旨行事,御史必须经皇帝同意,才能公开弹劾百官。唐中叶以后,规定御史执行任务时先要向皇帝请示报告,称进'内状',旨中后才能执行。宋朝的监督官则直接由皇帝任命,脱离了相权的控制,职权扩大,成为皇帝控制监视臣下的耳目。皇帝多方鼓励他们弹劾纠举。明代的监察机构和职权都有了

① 孙中山:《孙中山选集》(下卷),人民出版社2011年版,第511页。

空前的扩张，成了‘主内外百司之官’，‘为天子耳目风纪之司’。凡大臣奸邪，小人结党，作威福乱政者；凡百官猥茸，贪冒坏官纪者；凡上书陈言，有危害国家言论均予以弹劾。清雍正时，将原来独建衙署的六科并与都察院，取消了六科给事中封驳皇帝诏旨的职权。同时，广派监察御史，负责对京内外官员的监察与纠弹；还实行了密折言事制度，更严格地控制臣僚，掌握吏治。由于监察体系受皇帝的控制，就进一步加强了中央集权与皇权。”①

（二）相对独立的监察体制

西汉末年至东汉初年，中国历史上形成第一个相对独立的监督机构——御史台。该监督机构的建立，标志着我国的监察机构开始从纷繁复杂的行政事务中分离出来，成为国家机关不可缺少的重要部分之一。

“至东晋初年，御史台终于摆脱少府的节制，取得了完全的独立，成为封建皇帝直接掌握的国家专职监察机关。以此为标志，监察权与行政权的分离也基本完成。从此，监察机关和监察权从行政部门和行政权的管辖下独立出来，成为同行政、司法、军事等机构平行的权力和机构。在隋、唐、宋、元为御史台，在明、清则为都察院。据明代叶子奇《草木子》一书记载，元‘世祖立中书省以总庶务，立枢密院以掌兵要，立御史台以纠弹百司。尝言，中书联左手，枢密联右手，御史台是朕医左右手的手’。明太祖朱元璋进一步发挥了这一观念，他说‘国家立三大府，中书掌政事，都督掌军事，御史掌纠察，朝廷纪纲尽系于此，而台察之任尤清要’。这两位封建王朝的最高统治者不但形象地描述了封建国家行政、军事、监察三权分立的政治体制格局，而且也形象地说明了：监察机关和监察权是掌握在封建皇帝手中，制约行政、军事等部门和官吏的独立力量。监察机关和监察权的逐步独立，不但表明了君主专制的不断强化，而且也在客观上有利于监察机关监察职能的有效发挥。”②

① 逯拴生：《中国古代监察制度及其历史借鉴》，《理论月刊》2001年第8期，第54—55页。

② 王晓天：《中国古代监察制度发展的特点》，《湖南社会科学》1990年第2期，第63—64页。

(三)监察制度法制化建设

古代监察官员通常遵循"以法理官"的监察原则,在行使监察权时,以法律为准绳依法监察。这些监察法律详细的规定了监察机构的设置、监察制度的构建、监察活动的合法性以及监察官吏的职责与纪律等。

"汉初制定的《监御史九条》是'朝廷授权监御史监察地方官吏的法律依据,是中国古代性质较为明显的监察法规'。而汉武帝亲自制定的刺史《六条问事》则以地方二千石的高官及其子弟以及作为其社会基础的强宗豪右为主要监察对象,'奠定了地方监察法的基础,具有深远的影响'。唐玄宗时期制定的专门的监察法《监察六条》既传承了汉代的《六条问事》,又根据'义在随时'的原则作了重大发展,将封建社会的监察法提高到一个新的水平。宋朝颁布的《诸路监司互察法》是我国古代监察法制建设的一大创举。它规定监司之间或监司与属官之间,发现有违纪违法者可以相互举报,相互察举,反映了监察法规趋向严密。"①

明朝,据《大明会典》所记,当时的监察法规大致有《风宪总例》《出行事宜》和《按抚通例》等。至嘉靖六年,"署院事兵部左侍郎张孚敬申明宪纲",这次补充申明共七条,全部是关于加强监察官员自律的,有两点尤可借鉴,其一是它强调同一系统内监察官员之间的相互监察;其二它强调监察官员应以监察为主,不能越权干预行政,更不能利用手中之权欺凌其他官员。"至清朝,各期的《清会典》都收有比较多的监察法规。《钦定台规》是中国封建历史上最后一部也是最完备的一部监察法规,它全面规定了清代监察组织的性质、地位、职权、责任以及对监察组织本身的管理,使监察工作初步走上正轨。"②

我国古代监察制度在一定程度上坚持"有法可依"和"违法必究",其监察立法已涵盖规谏君主、监察百官、监察自律等重要方面,推动了监察体系法制化进程,这不能不说是一种进步。

① 张国安:《论中国古代监察制度及其现代借鉴》,《法学评论》2009年第2期,第152—153页。

② 王勇:《中国古代监察制度的嬗变及其借鉴意义》,《社会科学》1999年第12期,第70页。

(四)监察官员的队伍建设

中国古代监察官员“典正法度”,“自皇太子之下,无所不纠”。由于职责重大,监察官员素质的优劣直接关系到监察制度能否有效发挥作用,其选任考核均有严格的程序规定。汉魏时选用御史一般通过察举考试的方式,而唐宋明清的监察官员大都进士出身。明成祖朱棣曾说:“御史为朝廷耳目之寄,宜用有学识达治体者”。他甚至做出规定,御史之职,“勿复用吏”。这表明了中国历代王朝对监察官员文化素质的高度重视。同时还要求监察官员具有丰富的从政经历和治政能力。唐朝规定:“凡官,不历州县不拟台省。”宋朝亦规定:“自今非曾经两任县令,不得除监察御史。”这些规定,从制度上保证了监察官员的素质,使监察机关得以有效地发挥作用。

所以对监察官员的选拔和任用,必须强调素质。中国历史上著名清官包拯曾言:“盖朝廷纪纲之地,为帝王耳目之司,必在得人,方为称职,自非端劲特立之士,不当轻授。”

中国古代监察制度的雏形是在秦汉时期统一的中央集权国家建立以后才确立起来的。这一制度经历了魏晋的发展、隋唐的成熟、宋元明清的强化,得到了不断发展和完善。中国古代监察制度作为巩固封建皇权统治的重要手段,在加强中央对地方、政府对官员的控制和调整方面,发挥着非常重要的作用。但是作为封建制度下的监察系统,“是建立在私有制经济基础之上的,‘朕即国家’,决定了监察制度无法摆脱皇权的困扰,无法形成类似近现代的权力分治或制约机制,更谈不上民主监督。不论封建王朝的监察制度如何完善、严密、周全,都无法解决封建王朝固有的内在矛盾,挽救不了封建制度必然灭亡的命运。”①

我们今天从健全和完善当今纪检监察的组织体系来讲,中国古代监察制度的诸多特点值得借鉴。从完善当今权力结构,实现政治文明的法治化目标模式来讲,中国古代监察制度的诸多形式值得总结。

① 李红庆:《中国古代监察制度的借鉴意义》,《今日中国论坛》2006年第5期,第123页。

二、从"一带一路"的视角再论坦赞铁路

20世纪60年代，非洲大陆民族独立运动风起云涌。坦桑尼亚和赞比亚相继独立，两国作为长期的殖民地，社会经济遭遇到严重的破坏，在民族独立之后迫切要求发展经济。要致富先修路，对于坦桑尼亚和赞比亚则显得尤为适用。赞比亚是世界著名产铜国，铜的开采和出口是其主要的经济来源。但赞比亚深处内陆，东南面和西面出海口受到殖民主义者严密的封锁，迫切需要寻求新的出海通道。坦桑尼亚南部大平原有着发展农业的巨大潜力，西南地区煤铁资源也较丰富，同样因为交通不便，煤炭资源的开发和出口受到了严重的制约。

两国政府在实现民族独立之后都希望修一条铁路，连接赞比亚的铜带和坦桑尼亚的西南部，直通达累斯萨拉姆港口。试图通过资源类产品的出口，带动本国的社会经济的发展。

（一）"众里寻他千百度"

由于坦、赞两国长期都是英国的殖民地。英国铁路建设的思维对两国的铁路建设产生了重要影响。1949年4月，英国某铁路报曾勾勒了一条用虚点代表的坦赞铁路，它与25年后中国修建的铁路走向基本相同。此后不久，一个由英美两国共同出资的6人考察组便开始了考察工作。初步调查工作于1949年底结束。正式报告于1952年正式刊出，主要结论是"铁路不值得耗资修建。"

随着坦桑尼亚、赞比亚先后获得独立，修建坦赞铁路又被两国政府和人民重新提起。但是，穿越两国的铁路设计、建设和运营，对于社会经济发展水平相对落后的坦桑尼亚、赞比亚两国而言，几乎是个不可能完成的任务。所以，两国首先向世界银行请求援助，但是遭到了拒绝。世界银行反对修建坦赞铁路的理由是这条拟修建的铁路仅能运输中非和东非之间的货物，赞比亚大量的铜矿仍会通过现有的莫桑比克和安哥拉的港口运输。世界银行在坦赞铁路修建报告中的消极态度，也"传染"了以后的诸次调查报告。1964年，一个由联合国组织的调查团在调查之后，得出了这样的结论："假如一意孤行的话将是巨大的经济冒险。"20世纪60年代中

期,坦桑尼亚将美英两国当做主要求助国家,将以色列视为经济发展效法的对象。坦桑尼亚以官方文件正式向美国请求援建坦赞铁路的时间是在1965年的5月,但美国的答复几乎与世界银行的答复一致。

1965年2月,当时中国驻坦桑尼亚大使何英从坦桑尼亚商务部长巴布处获知坦赞铁路修建的相关情况。获悉情况后,何英迅速将相关情况及自己的建议写成报告呈送外交部:“尼雷尔总统访华时,有可能以比较迂回或比较委婉的方式提出坦赞铁路问题。但无论怎么说,尼雷尔总统访华时会提出这个问题,并且已到了万不得已的时候。”何英的上述报告开启了中国政府援建坦赞铁路的序幕。在周恩来总理看来,对坦桑尼亚和赞比亚来说,坦赞铁路不但具有经济意义,而且还具有军事和政治意义。当时中国百废待兴,确实很困难。但是,中央从整个战略全局考虑,觉得人家提出来了,我们应该帮助。哪怕自己省吃俭用,也要帮助人家。而且,从深远战略意义考虑,这不只是帮助人家,也是帮助我们自己。周总理一再强调,西方帝国主义不干的事,我们帮着你干,而且我们干的话,会干得很漂亮。中国人是不干则已,一干就拿出最好的。

这是当时最大的一个援助非洲项目,又是中国的第一个项目。非洲的其他国家,或独立的或没独立的,都在关注着中国人到底如何去做。许多非洲兄弟经过一对比,认为还是中国好,中国是真朋友,是真正帮助非洲独立和发展、不谋取特权的全天候朋友。

(二)“万水千山总是情”

1967年9月,中国、坦桑尼亚、赞比亚三国政府在北京签订了“关于修建坦桑尼亚—赞比亚铁路的协定”。协定规定:中国提供无息的、不附带任何条件的贷款,并派专家对这条铁路进行修建、管理和维修及培训技术人员。协定的签订又一次震惊了世界。西方国家以前认为中国答应帮助修建坦赞铁路是做做样子,没有想到这次中国是认真的,这一下他们慌了起来,担心这条铁路真要修起来了,会使他们更加难以继续统治和控制非洲国家。于是,他们千方百计地阻挠中国援建坦赞铁路建设,不但在国际上散布一些不好的言论,还经常派人进行直接的破坏活动,有一些国家时常在两国边境进行骚扰。

1970年10月,坦赞铁路正式开工修建。坦赞铁路工程非常艰巨,施工地段的地形十分复杂。它从坦桑尼亚首都达累斯萨拉姆开始,经过原始森林大草原、天然动物园,翻过层叠的马坎巴科山麓,穿过险峻的姆贝亚山口,通过通杜马进入到赞比亚境内,跨过湍急的谦比西河,沿着起伏的丘陵地带,直指世界闻名的铜矿带,在新卡比里姆博希与原有铁路接轨。坦赞铁路全线1860.5公里,有桥梁321座,涵洞2197个,隧道19个(其中500米以上的6座,最长的810米),全线设139个车站,两个机车车辆修理厂以及配套的机车、车辆、工务、电务等站段设施。

仅一年时间就修通了502公里。坦桑尼亚一位官员讲:"过去帝国主义为我们修了一条50公里的铁路,用了9年时间,而你们一年就修502公里。这是世界历史罕见的事。"第二年,坦赞铁路修通了最困难的区段(姆林巴——马坎巴科段),总长度为158公里。1972年铺轨208公里。到1973年8月,坦桑尼亚境内的铁路全线修通,铁路开始向赞比亚延伸。到1975年6月初,全线铺轨完成。同年10月,全线通车试运营。经过中国、坦桑尼亚、赞比亚3国工人、工程技术人员的共同努力,只用了5年多时间就提前完成了这一伟大工程。

坦赞铁路修建过程中,中国政府提供了9.88亿元人民币无息贷款,并先后派出工程技术人员5万多人次参与建设,发送各类建设物资100多万吨。中国工程技术人员在这克服了常人难以想象的困难。这是一片充满着野兽、蚊虫和疾病的非洲原始大森林,被人们称为绿色沙漠,许多地方从来没有人到过,处处充满危险。在炎热的非洲南部地区,大多是河流与沼泽地,地形特殊,暴雨倾泻,施工极其不便。另外,铁路沿线有许多深山峡谷和沼泽,令工程更加艰巨。由于施工条件艰苦,大型的施工机械极度缺乏,工程大部分时间只能依靠人海战术。工程进行到姆林巴——马坎巴科段时,地形复杂,到处是一片泥泞,施工机械无论如何是进不去的,可铁路的路基又必须经过这个地方。最后援建人员决定不等不靠,机械进不去就靠人工来干。工人们卷起裤腿站到水里,把泥用筐、桶运到干的地方,然后用小推车将泥推到别处去。就是用这种方法,他们挖出地下的硬基,然后再填上干土夯实,形成路基。水深的地方比较麻烦,许多地方很难挖到硬土,施工人员就在齐腰深的水中进行作业。中国工人的吃苦精神感动了坦赞两国施工人员，他们也像中国工人一样跳到水中进行施工。在中国工人的带动下，这一段困难的工程终于顺利完工。

坦桑尼亚总统尼雷尔说："历史上外国人在非洲修铁路都是为了掠夺非洲财产，而中国则极为相反，是为了我们发展民族经济。"赞比亚总统卡翁达说："坦赞铁路修到赞比亚，赞比亚才算真正的独立。"可以说，坦赞铁路的建设让新中国在非洲大陆享有很高的威望。

（三）"春风得意马蹄疾"

1976年7月，坦赞铁路全线正式运行后，越来越多的坦桑尼亚和赞比亚的人民从中受益。40多年来，这条铁路平均年运输50万吨货物、50万人次旅客，带动了坦桑尼亚邻近的赞比亚南方三分之一以上地区的经济发展。铁路沿线百姓已经改变了传统的"吃饭一棵树（香蕉、芒果、椰子、木瓜等树）、穿衣一块布（围绕全身蔽体的坎噶粗布）、做饭烧水三块砖（支撑锅底用的砖或石头）"的生活方式。到2004年底，铁路沿线的百姓每人日均可支配生活费用超过1美元，较之以前这是一个很了不起的发展。

坦赞铁路建成后，这一故事并没有终结。1979年6月，经国务院批准，在铁道部援外办的基础上成立了中国土木工程公司。至今，中国土木工程公司仍受商务部委托，派出专家组，承担着坦赞铁路的经济技术合作，提供技术指导与咨询。

这条自由之路的建成，带来了坦桑尼亚和赞比亚两国经济发展、贸易增加。

近年来，随着"一带一路"倡议赢得世界回响，中国与非洲各国之间的合作进入到又一波高潮。2016年10月，连接埃塞俄比亚和吉布提两国首都的非洲第一条现代电气化铁路亚吉铁路正式通车。亚吉铁路从技术标准到运营管理维护，全部采用中国标准。这条铁路的通车，标志着中国铁路首次实现全产业链"走出去"。如今，亚吉铁路以及多条正在筹划建设中的铁路在非洲大陆筑起了钢铁长城，在中国与非洲友谊的画卷上，继续诠释着"一带一路"语境下的"坦赞铁路精神"。

2013年3月，习近平主席访问坦桑尼亚时专程来到中国专家公墓凭吊。"他们用生命诠释了伟大的国际主义精神，是铸就中坦、中非友谊丰碑的英雄，他们的名字和坦赞铁路一样，永远铭记在中国人民和坦赞两国人民心中。”“一带一路”倡议让中国与非洲合作再掀高潮，“走出去”时代更需弘扬“坦赞铁路精神”。

第四节　优质课评比：课堂教学的展示

优质课评比是教师扎实的教学基本功和业务素质的体现。教师要能够透彻理解教材，完成教学目标。作为教师，我们在备课时，必须符合新课标、新教材的要求和学生实际情况。制定教学目标时，要具体明确，在紧紧把握和吃透教材后提出重点与难点，并设计出合理可行的教学措施，去繁从简，保证所教知识科学准确，学生能有效接受。作为教师，还要有研究教材、开发教材的强烈的探究意识，并且从头到尾贯穿于教学设计过程中。紧抓课本内容的同时要把握好学生的实际情况、注重教师自身的各个方面的素质，结合环境资源，制定出可行的教学目标，设计出最恰当的清晰可行的教学步骤，使教学过程循序渐进而富有逻辑性，各教学环节之间的衔接能自然、流畅。

教师是课堂教学的组织者、引导者，这就要求必须懂得学生思维运动的发展规律，必须有清晰的教学思路，严谨的课堂设计，把握好教学中的重难点。教授的知识量适中，能力培养的难易也要适中。教师积极点拨、引导学生，为学生创造表现和展示的机会，让他们主动参与、讨论和探究，努力营造出融洽、和谐的课堂气氛，让学生进入到积极的思维状态中去，在课堂中有精彩呈现。

一堂优质课是在课堂实践中磨炼出来的。那么，要想上好一堂公开课，就需要更多的课堂实践，就需要进行试讲，做到人人都懂，凡事不能急于求成。公开课，对于教师来说，是一件重要的大事，更需认真对待，从试讲中发现问题，收获经验。试讲，是执教者和听课者成长的摇篮，试讲能让执教者对教材把握更准，对学生了解更深，对课堂环节了解更清楚，对自身语言表达以及调控课堂的能力更有数；试讲让听课者一起坐下来畅所欲言，积极思考，相互交换意见，相互评议，把好的建议、方法和思路留下来，共同斟酌，再次生成更完美的教学设计，打造出精品课，提高了所有参与者的业务素质，也让学校教研活动得到了落实和发展。

一、如何放大优质课竞赛的功效

近年来，优质课比赛作为教研活动重要的方式受到人们越来越多的关注。不少人认为，优质课比赛就是一种作秀，对教育教学实用性不足；优质课在准备和参赛过程中对人力、物力和财力存在着不同程度上浪费等。优质课比赛作为一项教研活动肯定有其合理性和不足之处，关键在于如何放大其积极功效，减少其消极的影响。在此，结合自身经历，试从个人专业成长、团队协作乃至区域范围内教科研氛围的形成等角度谈谈个人一些看法，以期抛砖引玉之用，引发更多教师对这一问题的关注和思考。

（一）个人：专业成长

一位教师参加省级赛课，一般要通过校内选拔，再经历县、市等一场又一场赛课的过程。

为了准备和参加赛课，作为选手要做大量的准备工作。首先就是阅读，如反映史学研究成果且具有广泛影响力的专著，如陈旭麓先生的《近代中国社会的新陈代谢》、斯塔夫里阿诺斯的《全球通史》等；同时，要阅读具体的课堂教学设计类的一些著作，如齐健的《走进高中历史教学现场》、袁从秀的《中学历史教学设计与案例研究》；还要翻阅《历史教学》《中学历史教学参考》和《中学历史教学》等相关中学历史教育教学杂志，每期都有一些值得学习和参考的教学设计，还有一些反映历史教学研究最新成果的论述，有助于教师开阔个人的视野，打开教学的思路。

在互联网技术高度发达的今天，还可以借助网络来提高自己的能力。在人民教育出版社的网站上，有历年全国中学历史教学比赛的视频和教学设计。参加赛课的教师都是“过五关斩六将”，他们的教学设计以及在课堂教学中的表现，更是一本活教材，具体生动，令人产生一种直达比赛现场的感觉。目前，还有很多中学历史教学资源的网站，各地中学历史名师工作室的网站，还有中学历史名家网络直播课程等。对这些丰富历史教学资源的利用和占有，对教师个人专业素养的提高是一个极好的机会。

其次，作为一名选手从一次次的备课，一次次上课，再到一次次评课过程中，对自己绝对是种历练，甚至可以是凤凰涅槃般的成长。在日常教学中，备课更多考虑到的是教学的重点和难点所在。但是赛课中，更要关注到学情，学生在哪里，教学就应该从哪里出发。日常的上课，看重的是教学任务的完成。赛课中，要充分考虑到教学任务如何完成，不仅是从历史教学角度考虑，还要从教育学和心理学的角度去思考和设计。日常教学中，不存在评课这一说，即使在公开课、展示课等教研活动中有评课，但多是溢美之词，难得见到老师们说真话、说缺点。但面对优质课大赛，在评课过程中，大家为了取得更优异的成绩，多是“真刀实枪”的点评，作为选手也不会感觉没有面子，更多是感谢。

所以说，赛课一般都要经历说课、听课、评课这三种课例研究的基本活动方式，它比常态课的备课、上课、反思多了同伴互助和专业引领等要素和活动，因此为教师自身的专业成长和教学水平提升提供了更多的专业支持。

（二）团队：协作发展

一位选手在赛课中的优秀表现，肯定不是一个人的辛劳，而是集体智慧的结晶。这样一个团队少则两三人，多则七八人。这样的组团赛课是要付出一定人力、物力和财力上的成本，但换个角度来说，这也是一次生动活泼且富有挑战性的教研活动。

我们能看到的赛课现场就是短短四十五分钟，但背后是选手和他（她）的团队辛勤且有创造性的付出。按照历届安徽省高中历史优质课比赛规则，从抽到课题到正式上课，就是短短一个晚上的时间。这个晚上，对选手和团队的老师们来说肯定是通宵达旦的准备，所以是很辛苦的。

辛苦的背后更是“心苦”，首先要依据课程内容来确立本课的教学立意，教学立意是否科学、准确到位，直接决定了本节课所站的高度。如人教版高中历史必修3中的《从蒸汽机到互联网》一课，课程要求是“以蒸汽机的发明和电气技术的应用为例，说明科学技术进步对社会发展的作用。以网络技术为例，理解现代信息技术对人类社会的影响。”不少选手都将本节课教学立意确定为科技兴、国家强，其教学立意明显不高，没有考虑到科技发展辩证的两面性，更深层次还有科技的人文关怀等。有了准确的教学立意，在此基础上重构教学体系，形成环环相扣、步步推进的教学流程。根据课堂教学和学情的需要遴选史料并设计问题，为教学任务的完成找到可以落脚的支点。在此基础上，还有课件的制作，语言的打磨、教学姿态等问题。

可以说，这些繁多而又有创造力的工作，依靠一个人的力量显然是无法完成的，需要一个团队来相互协作。这样的团队往往是老中青结合，老教师在备课过程中使多年的教学经验得以传承；中年教师是骨干，担当教学构思和设计的重任；青年教师思维活跃，帮忙制作课件，提供史料素材等。比赛的荣誉也许是在某一个人的身上，但团队协作有利于大家每个人的专业成长，如此近距离感受全省范围内每个团队的教学设计和展示，通过比较，发现不足，找到差距，其实是最好的成长。

（三）地区：教研氛围

为了赛课，在当地教研员的组织下，多以同课异构的方式进行实战练习。选手自然是精心准备，陪练的教师也不敢怠慢，这些优秀教师各有特色的教学设计自然是一个地区历史教学水平的集中展示。

同课异构，课堂教学呈现不一样精彩。教师们在听课和评课的过程中，提高其对教学立意的认识，关注教学过程在推进过程中的长处和不足等。类似于这样的教学研讨，教师们的专业素养在潜移默化中得以提高，一个地区的教研氛围也会被带动起来。

近年来，通过赛课等方式成长起来了一大批优秀的中学历史教师。他们起步于优质课比赛，在此基础上不断深入思考和研究课堂教学，坚持教学和科研“两条腿走路”，逐步成长为当地教育教学的名师。为了发挥名师在当地教育教学中的引领作用，不少地方的教育行政主管部门致力于推动县、市乃至省级的名师工作室的建设。名师工作室的建立意图就是将本区域相对优秀的教师集中在一起，形成一个学习和发展的共同体。“一枝独秀不是春，万紫千红春满园。”这些名师工作室的成员多来自不同区域、不同层次的学校，他们将个人学习成果带回自己所在学校、所在班级、所在学科中，所发挥的辐射作用在日常的教育教学活动中会逐步地显现出来。

优质课比赛所呈现的课堂教学既是教师教学能力的展示，也是理想状态下课堂教学的展示。但不少教育教学工作者，不仅有一线教师，甚至有教育教学研究者将此类活动视为表演和作秀。如果优质课比赛只是表演和作秀，这项活动就不可能坚持下去，还如何长盛不衰，被大家广泛关注？不可否认，有部分选手对优质课比赛的意图理解不够深刻，有些花哨的表演，但这样的行为并不被评委们所认可。从2017年安徽省高中历史优质课比赛情况来看，比的不是表演，而是教学基本功底；比的不是花哨，而是学科素养呈现和落实；比的不是课堂谁更活跃，而是学生在课堂教学中的收获和成长。

优质课比赛本就不是一个人的战斗，而是一群志同道合者的努力。从成绩上来看，也许是某一个人的成功，但其中每一个参与者都会有自己的感悟和体会。如果你还愿意成长，一定要静等花开的日子！

二、优质课竞赛中的“优”与“忧”

优质课竞赛以课堂教学展示为平台，以教师课堂教学素养考核为目标，已成为推动教师专业发展的重要载体，受到了教师、学校乃至教育主管部门的高度重视。

优质课竞赛多是由各级教育科研部门来主办，其科学性是毋庸置疑的。经过校、县、市、省的层层选拔、逐级淘汰，具有极强的竞争性。同时，由于优质课竞赛的成绩会成为教师评优评先的重要条件，其权威性更是得到了进一步的强化。因此，某些地区和学校为了在优质课竞赛中取得不错的成绩，往往要动员整个学校教科研力量，组织备课、磨课和赛课，甚至是某个地区的学科教研力量参与其中。可以说，优质课竞赛不只是某位教师教学能力的展示和考查，而是学校乃至地区之间教科研力量的比拼。这种做法显然背离了通过优质课竞赛促进教师专业成长的初衷，其公平性和有效性大打折扣。

（一）优：优质教学资源的展示

从近几年优质课竞赛的成绩来看，取得优异成绩的老师多来自大城市的省示范高中，而且这样的现象越来越普遍。随着社会经济不断发展，大城市聚集越来越优质的教育教学资源，而大城市中省示范高中更是金字塔的塔尖，拥有多位优秀特级教师和高级教师。这群优秀教师具有丰富的教育教学经验，能为参赛的老师提供有价值的指导和帮助，如对教材的理解、重难点的突破以及对课堂教学突发事件的把控等，让参赛的老师成竹在胸，面对赛课现场应对自如。其次，作为大城市的省示范高中具有更强的调动资源的能力，如对赛课的教师进行形象设计，请擅长于信息技术操作的老师协助制作PPT课件，再请地区教研员为参赛的教师指点迷津，从更高层次把握赛课的内容。

同时，能够进入大城市省示范高中教师队伍的教师本身也具有较好的专业素养，加之省示范高中提供的平台，必然会加速教师专业成长的步伐。加之层层选拔，最终参赛的教师自然是教师队伍中的佼佼者。所以，优质课比赛的成绩不是决定在赛课现场，而在于区域教育教学环境、学校的办学层次和教师个人专业成长的追求等。

（二）忧：忧虑教研环境的比较

作为普通地区的普通中学，高考是最大的压力，教学是最重的任务。学生在书山题海中跋涉，老师在上课阅卷中前行，繁重的教学任务让科研成为点缀，优质课竞赛看上去更像是“花拳绣腿”。

因此，来自普通地区的普通中学的教师，在整个赛课的过程中，看上去更像是“一个人的战斗”。因为在普通中学，所在学科往往只有一两位老师，而且知识结构严重老化，多数教师也没有参加过类似于优质课竞赛一类的比赛，因此对赛课要求以及流程都不了解，根本谈不上能够为参赛的教师提供有价值的指导和帮助。所以，在整个赛课过程中，从准备备课、教学设计、制作课件等都是选手自己独立完成，免不了手忙脚乱，顾此失彼。同时，选手又处于高度紧张的状态下，一系列的教学流程往往不得要领，甚至还达不到日常教学的水平。

所以，作为普通地区的普通中学的赛课教师还没有站到台上，就深深感受到了自己势单力薄，自卑和怯场也是自然地流露。在赛课中，对重难点的分析、能力的生成和价值追求等更让评委感受到与大城市省示范高中参赛教师之间的较大差距。而这种差距,不仅仅是因为选手教学能力的差距,更是一个学科、一所中学乃至于所在地区学科教学实力和动员能力的差距。

基于以上原因,建议对当下优质课竞赛的流程进行进一步的优化,如为赛课选手提供全封闭的环境,来完成赛课相关准备工作,最大限度地避免优质课竞赛变为相关学校与相关地区的比拼,真正体现选手的课堂教学能力。其次细化赛课流程,不少地区优质课竞赛就是一节课的展示,因为课堂教学本身具有一定的不确定性,能否将赛课流程进一步的多元化,如分为教学设计解读、课堂教学展示、板书设计和评委问答等环节,这样做能够多角度多层次考查选手的教学能力,让真正的课堂教学能手脱颖而出。

第三章　研究高考——复习备考的有效性

第一节　高考历史命题趋势研究

纵观2013—2018年新课标全国Ⅰ卷文综(历史)试题,我们不难发现,命题立意已由能力立意逐渐转变为能力与学科核心素养并重。2018年1月公布的由中华人民共和国教育部制定的最新版《普通高中历史课程标准(2017年版)》中指出:“普通高中历史课程的目标是坚持落实立德树人的根本任务。学生通过历史课程的学习,形成历史学科核心素养,得到全面发展、个性发展和持续发展。”要想真正实现学生的全面、个性、持续发展,历史教学便不能仅仅是为学生提供完整的历史专业知识。换句话说,对学生的考查也决不能仅仅停留在基础知识层面。近五年高考题目所考查的知识点中,死记硬背教材类题目明显减少,有关社会现实的问题增多,对于学科能力考查的力度增大,同时加强史观考查力度,对于时空观念、历史概括能力、史料实证能力、历史解释能力的考查也进一步加强。

一、再论工业革命为什么选择英国

(2018年高考全国Ⅰ卷文综卷第34题)传统观点认为,英国成为工业革命发源地,是因为英国最早具备了技术、市场等经济条件;后来有研究者认为,其主要原因是英国建立了君主立宪制度;又有学者提出,煤铁资源丰富、易于开采等自然条件是其重要因素。据此可知,关于工业革命首先在英国发生的认识(　)

A. 只能有一种正确合理的观点

B. 随着研究视角拓展而趋于全面

C. 缺少对欧洲其他国家的观察

D. 后期学者研究比传统观点可信

参考答案：B

本题作为全国卷的高考历史题，难度系数不大，但它能够将近代以来史学界对工业革命的研究成果运用到高考命题之中，促进了学生对工业革命爆发原因的认识更全面、更深入。本题的命制，其导向作用非常明显，注重对考生学科能力的考查，而不是对课本知识简单的死记硬背。与此同时，也引发了我们对工业革命爆发原因的再认识。更准确地说，就是工业革命为什么首先选择在英国？

工业革命，是资本主义由工场手工业到大机器生产的一个飞跃，是以机器取代人力，以大规模工厂化生产取代个体工场手工生产的一场生产与技术革命，并由此引发社会组织关系重大变革的革命。那么，工业革命为什么要选择英国呢？过去相关的研究可谓硕果累累，本文试图从另外的视角解读工业革命发生在英国的原因。

（一）价值追求

新航路的开辟，推动了全球财富向欧洲聚集。而早期的殖民扩张更发挥着推波助澜的作用，财富、劳动力等要素汇聚欧洲极大地推动了资本主义的发展。人们大多相信，西班牙和葡萄牙作为世界性的大国和强国，一定可以“各领风骚数百年”。但是历史出现了惊人的悖论，西班牙和葡萄牙过早地离开了世界性强国的舞台，快速地衰落，也让很多人困惑不解。

马克斯·韦伯曾经分析到，贪得无厌并不等于资本主义，更不等于资本主义精神。西班牙和葡萄牙主要通过对殖民地掠夺，甚至是直接掠夺黄金和白银运到国内，完成奢侈性的消费，来实现殖民掠夺的成就。这样的作为不仅不能推动本国资本主义的发展，反之还导致大量财富流向国外，如荷兰、英国等。整个社会缺乏竞争的意识，只依靠殖民掠夺来维持大国的地位明显是岌岌可危的。所以说，西班牙和葡萄牙既没有发展资本主义，也没有所谓的资本主义的精神，它们的衰落是历史发展的必然。

英国资本主义的发展得益于西班牙和葡萄牙。随着殖民侵略对工商业产品需求量的增加,更为重要的是英国城市商业的发展,并由此催生出城市中产阶级对商业社会竞争价值的追求和坚守。城市中产阶级对自由的追求和对财富的追求紧紧联系在一起,而英国的社会经济结构恰好适时地为他们创造了机会,而工业的发展又促进了专业分工,专业化分工产生出众多新的技术,又创造出更多的市场。

工业革命之所以在英国首先爆发,不仅是英国自身资本主义经济的发展所形成厚实的经济基础,还有坚持自由竞争的资本主义精神为资本主义发展提供持续动力支持。

(二)制度建设

资本主义的发展需要坚实的制度保障。英国通过"光荣革命"确立了君主立宪制,结束了长期动荡不安的社会局面。与此同时,新兴工商业资产阶级和新贵族通过控制英国下议院掌握国家重大的权力,如财政权、军事指挥权等,为资本主义经济发展提供了强大的政治资源。18世纪初,英国的内阁制开始形成,18世纪末到19世纪初,英国内阁制进一步的完善,自此英国资产阶级民主代议制政治得以确立。所以说,英国确立资本主义制度后,进一步促进了资本主义经济的发展,工业革命便在这发展变化中水到渠成。随后的1832年议会改革,工业资产阶级摆脱了农业资本家(新贵族)的束缚,在国家权力中心拥有了足够的话语权,为工业革命进一步的发展保驾护航。

经济基础决定上层建筑,上层建筑的完善为经济基础的发展提供足够的支持。资产阶级掌握政权,为资本主义的发展争取了广泛的社会资源,如劳动力、资本和市场等。民主的政治制度,权力的制约与相互平衡,为资本主义的发展提供了广阔的发展空间。

也有很多人产生疑问,为什么当时世界上最发达的中国没有走上资本主义发展道路,更没有率先爆发工业革命?其实最关键的制约因素就是落后的封建制度,作为国家统治阶级的地主阶级维护小农经济,导致劳动力和资金大量沉淀在农业生产中,市场空间被进一步的压缩,资本主义发展应该具备的要素无从谈起,资本主义经济的发展乃至工业革命只能依靠想象去完成。

（三）社会结构

在传统农业文明的社会中，社会结构是二元的，即土地贵族和农民阶级。英国的社会结构是以土地贵族、中产阶级和工资劳动者为主体的三层式的社会，这样的社会结构为资本主义经济提供诸多的发展要素。

英国社会的顶层是贵族和乡绅构成的土地贵族，他们很少自己经营土地，而多通过收取农场主的租金来坐享其成。随着新航路的开辟，引发了商业革命和价格革命，这样的好日子逐步走到尽头。大商人和银行家们则成为最大的受益者，他们在活跃的商业活动中获得巨大的社会财富。随着经济实力不断增强，他们越来越强烈地意识到影响乃至掌握国家权力的重要性。社会的底层是农业工人、城市工人等，他们通过出卖劳动力来获得劳动性的工资，依然处于社会的底层，但通过出卖劳动力获得工资，相对于过去人身自由的束缚，生活状况已得到改善。土地贵族和农场主们的衰落，商人、工场主们在市场竞争中破产或发展壮大，劳动者队伍的不断壮大及越来越多元化，让人们充分感受到社会结构的变动所带来的活力。

这种社会结构的变动更有效地促进了经济因素的变化，而且对这些经济因素的变化又能做出灵活反应，使英国的工、农、商、运输等部门的发展不同于其他各国，也使英国的人口变化、资本积累和科学发明有别于其他国家，从而为现代化的开始提供了有利的社会环境。

英国工业革命在强大的制度保障下，为技术和市场提供了足够的空间，流动性的社会结构为资本主义经济发展增强了活力。自由竞争的价值追求为工业革命的到来提供了足够的精神支持。18世纪60年代开始，一场史无前例、意义深远的工业革命率先在英国开始，它推动了英国从农业文明向工业文明的转变，为资本主义发展带来了足够的物质技术支撑，英国不仅成为世界上最大的工业强国和金融中心，还成为世界性殖民霸主。

二、史实性错误，还是逻辑上混乱——评2010年高考安徽文综卷第22题

2010年高考安徽文综卷命制了这样一道选择题，现摘录如下：

2001年上海合作组织成立，坚持“互信、互利、平等、协作、尊重多样文明、谋求共同发展”的“上海精神”。它与欧盟的主要区别在于（　）。

A.促进了地区经济政治一体化

B.构建了一个地区国家安全共同体

C.加强了区域性经济合作

D.顺应了和平与发展的时代潮流

本题难度并不大，考查的内容实际上是上海合作组织与欧洲联盟的区别。那么，解答本题首先就要了解上海合作组织和欧洲联盟。

上海合作组织成立于2001年6月15日。因为进入新世纪，面对全球化趋势，世界各国都在加快区域合作步伐。与此同时，冷战结束后，地区性的恐怖主义、分裂主义和极端主义活动日益猖獗，严重威胁各国安全与稳定。中国、俄罗斯、哈萨克斯坦、吉尔吉斯斯坦、塔吉克斯坦、乌兹别克斯坦六国都面临发展自身安全的需要。2001年6月15日，六国元首共同发表《上海合作组织成立宣言》，上海合作组织正式成立。上海合作组织是一个不针对任何第三国和地区，促进地区安全和稳定的区域合作组织。它主要的功能是维护地区安全和稳定，而命题者为本题所提供的答案为A项，即促进地区经济政治一体化，这显然是不符合上海合作组织功能的，那这是不是史实性的错误呢？而欧洲联盟的总部在比利时首都布鲁塞尔，是在欧洲共同体的基础上发展起来的，主要经历了三个阶段：荷卢比三国经济联盟、欧洲共同体、欧盟。从功能上看，实际上是一个集政治实体和经济实体于一体，在世界上具有重要影响的区域一体化组织。

通过对欧洲联盟功能的分析，不难发现，A项更像是在表达着欧洲联盟的作用。如果这样的分析成立，那么试题在语言的组织上是否应该将“它与欧盟的主要区别在于”改为“欧盟与它的主要区别在于”，这样在逻辑上显得更为合理。

三、亮点的转移，经典的缺失——评析2009年高考全国Ⅰ卷文综卷历史试题

历年的全国Ⅰ卷文综卷由于其命题的权威性，使用范围的广泛性，一直受到大家极大的关注，堪称是全国文综命题趋势的风向标。笔者在认真学习2009年高考全国Ⅰ卷文综卷的历史试题后，发现2009年试题与往年试题比较，发生了一些变化。往年高考全国Ⅰ卷文综卷精彩之处多为主观题，2009年高考全国Ⅰ卷文综卷历史选择题，在内容的选择和试题的创设上有着很多可圈可点之处。

表3-1 2009年高考全国Ⅰ卷文综卷历史选择题内容

题号	12	13	14	15	16	17	18	19	20	21	22	23
内容	姓氏的来源	“楚歌”风行的原因	古代中国南北文化差异	经济重心南移的影响	辽与西夏历史的比较	“天朝上国”的冲击	新文化运动的影响	台儿庄战役的特点	法国大革命前社会特征	1787年美国宪法的原则	工业革命的社会影响	对全球化的理解

通过上述表格比较，我们不难发现，选择题在内容的选择上多为日常高中历史教学的重点和难点问题，不偏不怪。即使是第12题，与2007年高考全国Ⅰ卷文综卷的谥号题和2008年高考全国Ⅰ卷文综卷古代地名中的“阴”“阳”之别比较，难度也大为降低。历史试题中，在文史知识的考查上，应坚持其常识性的要求。在中国近现代史部分，不论是“天朝上国”观念受到的冲击，还是李大钊反对尊孔复古，都是围绕近代化史观所展开的。在世界近现代史部分，第21题和第22题体现了对制度文明建设的关注，而第22题和第23题都是从社会生活史的角度考查了工业革命的影响和对全球化的理解。

近年来，高考历史选择题命题的趋势就是采用大量的文献资料，材料选择题成为选择题主要的命题方式。在这12道选择题中，材料选择体现了多样化。既有像《天津条约》《美利坚合众国宪法》《国史大纲》等典型的文献史料；也有像拉尔夫·达伦道夫、李大钊等社会思想家的生动幽默的言论；更有一些新闻报道等从社会的视角解读重大历史现象。同时，命题

者根据高中学生实际的认知水平，对材料进行适度的处理，降低考生阅读上的难度，便于考生对试题的理解。第14题命题者直接就概括出了唐朝南北文化特点，再由考生根据具体史实对号入座。第23题命题者通过一些语言的衔接，方便考生对拉尔夫·达伦道夫全球化论述的理解。

2009年全国Ⅰ卷文综卷历史选择题，在试题的立意上注重对新史观的运用，在内容的选择上关注对重大历史事件的考查，在难度设置上考虑到考生的实际。命题的立意体现创新性，考查的内容又坚持了基础性，能力的要求体现了可行性，是这份试卷成功的之处。

近几年，全国Ⅰ卷文综卷历史材料解析题往往都是试卷中经典之作，尤其是第37题更是整个历史试题的压轴戏，在考后受到大家广泛关注，并对试题有着不同的理解。如2005年第37题，从民族主义的视角分析法国大革命、第一次世界大战前欧洲局势和凯末尔革命等重大历史事件。2006年第37题，从民族融合方面认识中华文明的发展。2007年全国Ⅱ卷第37题分析民族主义和世界主义的关系和2008年第37题中英两国官员选拔制度的比较，虽然难度颇大，但其立意新颖，从历史角度关注现实社会的发展，还是受到人们相当的肯定。但2009年的两道主观题，在命题立意和内容的考查上都显得乏味可陈。2009年第37题考查自古以来中国农业税制改革，"三农"问题在过去相当长时间里，受到高三老师和同学们的持续关注，但面对全球金融危机，备考试卷中出现了各式各样有关罗斯福新政的试题，也就在人们对"三农"问题进入到关注疲惫期时，突然来的一支"回马枪"。本题从命题方式上看，采取的是小切口、大跨度的方式，围绕农业税制改革，考查中国历史发展不同时期的农业税制改革的原因、特点和影响。这样的命题方式，更多地体现了对教材知识的分析和理解，试题中材料使用的有效性被大打折扣，在能力要求方面也就有着明显的缺陷。最后一问的认识性问题，有些政史结合性的答案，这样的问题设计在平常的模拟试卷和地方性高考试卷中倒比较常见，在全国卷中比较少见。历史试题太过追逐社会热点，会影响历史学科严肃性和科学性，容易让学生把历史学习的现实作用庸俗化。2009年第39题是从马克思主义史观出发，讨论三角贸易的背景和历史影响，如果从近代化史观和全球史观的角度来理解这段历史是否更具有现实意义？其次，从考查内容上分析，三角贸易不属于考纲的内容,有着明显超纲之嫌。

面对2009年全国Ⅰ卷文综卷历史试题,笔者想用一句似乎是自相矛盾的语言概括其特征:命题的亮点发生了转移,但经典的试题缺失,不能不说是种遗憾。

第二节 历史备考策略研究

新课改后的历史试题,题干部分主线和背景是教科书中学过的内容,但具体的历史名词、历史事件很新鲜,导致许多人产生"考题与所学无关"的误解。题干部分的内容,多以文字方式呈现,沿用至今,在平时的教学中也多有接触,不论是阅读还是分析,并不令学生感到陌生。随着时代、课程要求的变化,此类题型也在不断地完善。因此,教师要养成良好的阅读习惯,广泛阅读相关读物,例如《中国通史》《中国近代史》《全球通史》等,关注与知识内容有关的最新学术研究成果,对知识内容有所深究。同样,学生也应多读书、读好书,近年盛行一些类似《明朝那些事儿》的书籍非常受学生喜欢,因其文言轻快、幽默,符合学生的阅读口味。这类书中的具体时间、史实、人物的描述大多属实,但并不是试题所用材料内容,简单了解即可,学生更应接触一些通俗易懂的史料、人物传记、名著等。让学生感受试题所选用材料的类型,也间接帮助了学生积累知识、拓宽视野。近四年的高考历史试题,其内容虽选择已发生且年代久远的史实,但这些史实对当下极具参考借鉴意义,说明新课改后的历史试题,并不是在考"死知识",而是贴近现实、人文和时代的,这也是试卷可圈可点的地方。既然是贴近现实、注重人文、反映时代,就应该多关注当下时政热点问题,教师和学生对这些时政热点问题要格外注意,不容忽视。

一、如何提升高考历史备考的有效性

"年年岁岁人相似、岁岁年年人不同"。面对每年高考历史备考,练习、讲义、模拟试卷层出不穷。很多考生和教师都以为高考就是在应试,

就是通过多做题、做多题来提高成绩。其实,高考命题的背后是综合素养的体现和要求,学生目标的确定、技能的把握、心态的调整都至关重要。高考备考正是一个可以提升自身素养的好时机。

希望广大的考生不断反思自我,远有规划,近有计划,在考试的帷幕落下之时,你收获的不只是一份满意的成绩,更有对自己的了解和信心。

(一)夯实基础形成知识体系

学生要强化对历史学科基本知识、基本概念、基本线索和基本阶段特征的记忆和理解,重视全面、准确的把握历史学科基本的知识体系,提高知识迁移能力和调动、运用所学知识解决历史问题的能力。历史学科基础知识无疑是培养学科综合能力的根基,高考不会直接对基础知识进行考查,但其中隐形的考查几乎无处不在。第一轮复习主要是夯实基础知识,理清基本线索,培养基本技能,运用多种史观分析解读。不仅是构建学科纵横知识体系,更是升华能力素养。第二轮复习主要以主干知识为中心,以专题为呈现方式,对历史知识重新加以梳理和加工,与一轮知识体系相结合,进行专题训练,注重重点专题和历史研究的热点相结合,让学生从能力上把握历史发展的规律,提升学生纵横比较问题的能力。

如高考历史可以分列为以下主题:

1.从专制到民主,从人治到法治(含古代中外与近代西方政治制度的演进)。

2.近现代中国的民族复兴事业和现代国际格局变迁(含近代中国反侵略、求民主的潮流,战后国际格局的演变与大国博弈及当今世界政治格局)。

3.从古代农耕文明到近代工业文明、现代信息文明的演变(含从农耕文明到工业文明的演进,中国社会经济的近代化历程,世界经济体制的创新调整与世界经济一体化进程)。

4.东西方人文精神的起源、发展与近现代思想解放(含古代中国传统思想与文化成就,近现代中国的思想解放。理论成果和科技文化发展,西方人文主义思想的演变和近现代的科技与文学艺术)。

5.选修主干知识和方法串讲(选择一到两个模块即可)。

第三轮要依据考纲，回归课本，梳理知识，注重知识的查缺补漏，通过历年高考真题进行实战训练，回归对高考更真实的认知。

（二）运用多种史观提升学科能力

现代社会科技突飞猛进，生产力水平的不断提高也带动了人文社会科学不断向前发展。历史学科的内涵与外延与过去相比都有了较大的发展，历史观在一定程度上已经摆脱了过去狭隘的地区、民族、种族、国家的概念，呈现出全新的表达方式。传统的史学理论在继续发挥作用的同时，西方一些先进的理论也开始引进我国，全球化史观、社会史观、生态史观等一系列新观点、新理论都扑面而来。作为中学历史教师，在秉承过去史观同时，通过学习和思考不断地与时俱进。在新课程历史课堂教学过程中，教师坚持历史唯物主义史观分析、解决问题的同时，也应学会运用文明史观、全球史观等科学史观进行教学，进一步提升学生分析评价及论证、探讨历史问题的能力。这既是新课程改革后历史教学的需要，也是新课程高考考核目标的基本要求。同时，我们还应从不同的史观切入，理解、评价同一历史现象、历史人物、历史事件，冲破传统历史思维的定式，用史学研究的新观点、新理念来看待历史问题，培养多角度、创造性地思考和解决问题的能力，切实提高备考效率。

高三历史备考中学生必须广泛接触历史材料，提升解读材料的能力。复习过程中最大限度的利用身边的课程资源，广泛地涉猎历史资料，包括文字资料、地图、表格、照片等，通过对历史材料中有效信息的提取、迁移和运用的强化训练，培养学生在高考中分析问题和解决问题的能力。通过科学训练，提高学生考查能力。科学训练是提高学生思维能力的必要手段，通过精讲、精练使学生掌握提取关键信息、把握命题意图、运用所学知识进行准确判断的能力，总结答题方法。高考成功的决定因素在于思维技能，会学习的人将知识掌握过程看成是技能的应用过程，不会学习的人只是在死记知识，前者事半功倍，后者则事倍功半。历史考试需要的技能可以有很多种分类，如从大的方面看，有阅读能力、审题能力、记忆能力、有条理地写作能力等；从思维层面看，有概括、归纳、比较、鉴别、论证等。最后阶段学生应该根据自己的特点从薄弱的能力入手，有意识地训练。

表3-2　高考题型分析比较

题型	规范一,审题切记	规范二,答题注意	规范三,坚决抛弃
选择题	1.准确判断时间,注意各种时间表达方式; 2.依据题干中的关键词鉴别选项;划出题干中的回答词与限制词; 3.注意反向词:错误、不正确; 4.两个选项难以鉴别时,再回到题干,逐一对比,判断哪个更合适。	1.材料选择题注意是直接反映还是间接说明; 2.组合选择题采用确定项做排除法; 3.对于记不清的部分可根据前后知识回顾课本内容。	1.切忌:做完选择题或试卷后,心理放松又去修改答案! 2.切记:填写不清晰!
材料题	1.准确判断材料的时间与事件; 2.注意材料的来源、出处、提供的信息; 3.依据问题划出材料中的关键词、关键句; 4.判断题目是用材料回答,还是用课本知识回答,或者两者都用; 5.划出题目上的回答词、限制词; 6.一定注意分值多少,确定与答案之间的关系。	1.按照问题回答词与限制词在材料中寻找有效信息; 2.注意材料的层次,注意分号与句号; 3.掌握用短句概括的方法; 4.采用要点式表达,写出回答词和要点序号; 5.每一个要点一两句话,试论结合。	四忌: 1.没有回答词、要点、序号; 2.大段抄写材料; 3.不按题目要求,只按自己想法随意回答; 4.要点不全,不合分值要求。

每个学生对知识的熟悉程度和深度都不同,应该针对不同层次的学生因材施教地制定提分计划。如有的学生是一轮知识体系的构建没有完成,有的是缺乏理论概括的能力,有的是答题不够规范……不一而足,应该对症下药,分别指导。

在做好整体部署和计划的前提下,将任务交给学生,让每个学生针对自己的实际做到自己能做到的最好程度。不能以教师的串讲代替学生读书,如试题评讲,可以完全由得分最高的学生来讲自己是怎么思考、作答而得到理想分数的,而不是以标准答案来代之。

作为一门人文学科,中学历史教学的主要目标不是培养专业人才,而是提高中国特色社会主义公民的人文素质。中学历史教学所要达到的目标是让学生懂得今天是过去的延续和发展,历史中有做人的道理,处事的智慧和创新的经验,养成初步的“前车之鉴,后事之师”的认知兴趣,懂得中华文明是人类文明的重要组成部分,继承优秀传统文化,学习世界先进技术,建设家乡、振兴祖国。考生可适当关注近年来重大的社会热点问题和历史研究的热点，如平时注意梳理古今中外相关历史事物或话题。如中外各时期的制度创新、经济政策、思想观念等。

总之，高三历史备考复习要依据对高考历史试题的分析，《课程标准》《教学大纲》，学生实际等情况，采用科学、合理、灵活、高效的教学和复习方法，充分调动学生学习历史的积极性和主动性，深入挖掘学生的潜力，全面提高学生的综合素质和能力，使考生在历史考试中取得理想的成绩。

二、新课程背景下高考历史命题趋势的思考

近年来，随着高中历史新课程的稳步推进和分省自主命题的实施，高考历史命题改革的节奏明显加快，高考历史试卷的面貌更是焕然一新。试卷中直接考查教材中的知识越来越少，更多的关注对考生能力水平的检测。传统意义上的问答题已经退出历史的舞台，取而代之的是一些材料型问答题，试题所提供的材料对考生解答问题发挥关键作用。历史图片、诗歌、小说等都成为高考历史命题重要的素材，这极大的拓展高考历史命题的空间。高考历史命题的价值取向正在努力实现学科价值与公民教育的兼顾。

这些都是近年来高考历史命题改革所取得的重要成果，那么未来高考历史命题的发展之路在何方呢？

（一）知识考查的“粗放化”和“精细化”，关注重大历史事件与历史概念

在过去“一纲一本”的条件下，高考历史在知识层面上难度主要体现在频繁地考查教材中一些边角知识。这些知识的考查，增加了高三学生记忆上的负担，而且每年面对不断涌现出的新的细节考查，让教师和同学们都有一种“防不胜防”的感觉。2007年高考全国Ⅰ卷文综卷中的皇帝谥号和2008年高考全国Ⅰ、Ⅱ卷都考查了古代中国地名与地理位置的关系，这些文史基础知识的考查已经完全超越了教材和考试大纲。这样的高考历史命题，让广大的高三一线教师和同学们对高考历史考查内容只能是疲于应付，心力疲惫，高三历史复习的有效性受到很大挑战。因此这种考查知识的方式和手段，在相当长的时间里是饱受争议的。

在新课程的背景下，从原来的“一纲一本”发展为“一标多本”的格局，

四套教材在严格遵循课程标准的前提下，在一些具体历史史实表述以及评价中，往往依据不同的学术观点及编写者的理解，可以说是见仁见智。这次新课程的改革让细节作为高考历史难度设计的一部分的现象成为一种不可能。

那么，新课程下高考历史在内容的选择上有着怎样的变化呢？在学习理解2007年和2008年新课程实验区高考历史试题后，可以看出对重大历史事件的关注以及重要历史概念的考查将成为未来高考历史在内容选择上的主要方式。依据课程标准，对重大历史事件进行考查，可以避免不同版本教材在一些具体细节上出现的差异，体现高考命题的公平、公正。同时一些重要历史概念掌握程度，基本上反映考生学科基本能力和水平。2007年和2008年新课程实验区高考历史试题在关于古代中国的政治制度方面先后考查了宗法制、中央集权制、君主专制等一些重要的历史概念，就突出体现了这一点。

（二）学科能力的要求能否走向“平民化”

近几年高考历史试题的难度是越来越大，其中以全国I卷文综卷难度最大。即使在新课程实验区，2008年的试题与2007年比较，难度也有着明显增加的趋势，广东卷则为这种趋势的代表。那么，高考历史试题的难度因何而生呢？第一，试题所选择的材料过于专业化，学术性太强。2008年全国I卷文综卷第37题材料解析中所使用的两段材料分别来自《中国历代选官制度》和《英国政治制度史》，如此专业的历史著作，大多数学生未曾阅读过，而其中专业化的语言，给考生的阅读和理解都带来了很大的难度。第二，试题的逻辑性太强，考生容易陷入思维泥潭，出现理解性的失误。2008年高考广东卷文综卷第4题比较具有代表性，这是一道考查学生的史论结合，据史推论的能力。材料强调的是农业发展对国家的重要性，只能看成是重农政策出台的必要性，而非说明重农政策是精耕细作的农业产生的条件，混淆了因果关系，思维判断错误，从而结论错误。精耕细作的农业取决于生产者的技能与生产工具的改进。如此严密的逻辑推理，出现在一道选择题上，对考生的学科能力提出相当高的要求。第三，问题过于笼统，考生无从着手。2006年高考广东卷文综卷第26题以周人饮食风俗考查周代等级观念，一道13分的试题只有一个问题，考生面对这样的问题，完全没有了方向感。虽然命题者在问题中设置了一系列提示性语言，但考生因紧张已经没有判断力，从而导致结论不合理。

这几年高考全国I卷文综卷历史试题在不少地区平均得分都在50分以下，这样的分数给教师和同学们都带来了巨大的压力。老师们辛辛苦苦忙碌了一年，反复强调的重难点几乎都没有考，同学们书背了好几遍，就是难得派上用场。这不仅是一个分数问题，而是一个信心的问题。适当地降低试题难度，针对不同层次的考生形成比较合理的区分度，真正体现高考试题选拔性的功能。首先，材料型试题的命制，要增强试题学科特色，有利于能力考查目标的实现。对于过于专业化的史料，提供某些必要的注释，以此降低考生阅读的难度，帮助考生顺利完成对材料的理解，让考生看不懂材料，显然不是命题难度的组成部分。如2006年高考全国I卷文综卷第37题对三段材料中一些考生难以理解的语言进行了适当的注释，有利于考生对材料的学习理解。其次，努力实现试题考查目标具体化。现在的主观试题（尤其全国卷）多是分值越来越大，设问越来越少，指向也就越来越不明确。适当增加试题的设问，细化试题的分值，帮助考生理解试题，从而将主要的精力用于对试题理解之上，而不是用于对试题进行推测。

（三）引入不同史观，拓展命题的空间，推动价值评判的多元化

新、旧高中历史课程在指导史观上也出现重大的变化。旧课程是遵循马克思主义唯物史观，从阶级斗争的角度分析理解历史，从生产力决定生产关系、经济基础决定上层建筑来认识历史的发展。新课程在坚持马克思主义唯物史观基础上，引入文明史观、全球史观等一些新的史学理论。不同的史观往往是从不同的角度认知历史，虽然新课程不同版本的教材都没有对这些史观做出详细的介绍，但这些史观已经深刻地影响高考历史命题趋势。如2004年高考全国I卷文综卷第37题体现的全球史观，2006年高考全国I卷文综卷第37题则体现的是文明史观等。随着新课程实施，这样的试题越来越多地出现在全国各地的高考试题中。

不同史观引入中学历史教学，使命题在理论考查上更为丰富，从而拓

展高考历史命题的空间。如2007年高考全国II卷文综卷第23题通过斯塔夫里阿诺斯的言论考查考生对全球史观的理解。而2007年高考广东卷文综卷第29题要求考生依据马克思主义唯物史观和近代化史观对近代中国不同历史时期重大历史事件做出分析,就显得更为典型。

由于不同史观会从不同的视角认知历史,这也就推动了对具体历史人物和历史事件评价多元化。这类试题的出现,对考生的能力提出更高的要求。单一的史学理论必然导致历史人物和历史事件评价的格式化,方便考生死记硬背。而多元化的史学理论,面对相同的历史事件,从不同的视角理解,往往得出的结论截然不同。这自然对考生的能力提出更高的要求,也为实现中学历史教学情感态度和价值观培养提供了一个很好的方式。

高考历史试题的改革和发展显然是一个只有起点,没有终点的工作。这就需要我们大家共同关注,以个人的绵薄之力,服务于这项具有光荣和挑战性的工作。

第四章　论文写作——历史教学的研究性

以历史教育、历史教学为主题书写历史论文，中学历史教师具有得天独厚的优势。同时也要看到某些现实条件，使得我们写这类历史教学论文，才更符合实际，事半功倍，易出成果。写这类历史教学论文，以“教学总结”为基础，能更有效地服务于教学，使得历史教学论文的针对性更为明确，避免“教课”“论文”两张皮，避免在繁忙的教学及班主任等工作中，因写论文而分夺过大精力。这样，写论文就不是额外负担，而是广义上历史教学的组成部分，与教学紧密相连，互相推动，较易引起撰写者的兴趣，增强写好历史论文的信心。

一切从实际出发。在县、乡以下中学，有的老师是非历史专业毕业；有的老师以大局为重，服从工作需要，克服困难，不辞辛劳，身兼数科；有的老师迫于师资、课程情况而“改行”任课，教非所学。再加上参考资料相对缺乏，借阅、交流并不容易等。在清醒地看到这些实际情况之后，我们感到，若空泛地鼓励老师们大写一般性历史论文，“争取达到发表水平”，是不太现实的。更为现实的是立足于教学总结，写出根植于这块沃土上的短小精干有力的教学总结型历史论文。历史论文能言之有物，用之有效，既是广大教师的历史教学成果，又可供教学参考。

以教学总结为基础写历史教学论文，不等于教学总结就是论文。教学总结与论文的区别及联系应予研讨。历史论文类型有多少，很难机械地界定；各类历史论文怎样分工，也没法生硬地划分。实际上必然纵横交错，互有联系。为立题、下笔方便，主题思路有所遵循，可粗分为如下几种：(1)思想教育的贯彻；(2)历史知识的讲授；(3)教学质量的提高；(4)教学经验的总结；(5)教学艺术的研讨；(6)学生学习的考察；(7)教师业务的进修；(8)历史专题的论述。

此外还有其他各类，例如对教材、教学指导书的评析，观摩教学的总结评议等。我们的历史教学论文的旨趣及重点，很明显是向历史教学倾斜，并且各类型历史论文，写起来不可避免是互有交叉、互为融通的。

第一节　教学论文写作概述

众所周知，客观历史本身是一个复杂的有机联系的整体，它的各个部分、各个侧面，本是不能跟别的部分、别的侧面割裂开来认识掌握的。只是在论述、研究时，因侧重点不同，不得不突出什么、约略什么，于是表现为不同的历史论文类型与内容。从撰写人来说，仍应力争掌握史实全貌，才能从总体联系中深刻认知所要写的部分，才能在历史发展的长河中精确把握历史发展的各个阶段。为此，下些苦功夫、硬功夫是必要的，在这个基础上才能广收精选、厚积薄发、深入浅出、由博返约。例如要写“太平天国”这个题目的历史论文，从三种不同的选题立意，可有三种不同的论文类型与行文风格。

一、如果从加强教师进修，提高业务水平着眼，写出有一定学术质量的历史论文，则应写到太平天国起义爆发的深厚的时代背景。取材自基督教的上帝教经洪秀全加工改造而本土化，成为与传统农民起义不同的新式发动群众的精神武器。太平天国以雷霆万钧之势，摧枯拉朽，所向披靡，定都南京，动摇了清朝统治。同时太平天国反抗西方侵略，也预示着反帝国主义反封建性质的半殖民地人民革命即将到来。对于太平天国领导集团内讧问题，则应指出它不只是人际关系上的利害纠葛，从本质上深刻分析农民阶级不能代表先进生产力，在没有先进阶级领导条件下，只能砸乱旧社会，不能建立新社会。在取得若干胜利，进行某些“改革”后，要么是被旧有封建势力镇压下去，要么是自身蜕变为新的封建王朝。尤其应阐明，在总体性质上，太平天国虽然仍属旧式单纯的农民起义，但《天朝田亩制度》已突出地反映了广大农民迫切要求废除封建土地所有制的强烈愿望，表露了要解决农民土地问题的伟大尝试，预示着资产阶级民主革命的新式斗争即将来临。

二、如果历史论文的主旨是研讨如何教给学生基本历史知识，考察学生理解巩固程度，就应侧重于太平天国重点事件、人物、地点、年代的讲授方法。如何讲的清楚、准确、明白易懂，怎样使学生在理解的基础上巩固记忆，在记忆的基础上加深理解，并培养和训练学生分析问题、解决问题的能力。逐渐使学生达到自觉、能动地掌握历史学习的方法。

三、如果历史论文重在凭借对太平天国伟大革命业绩的讲述达到对学生进行思想政治教育的目的，那在教学中就要侧重总结，强调人民是历史的创造者，农民起义是推动封建社会历史发展的真正动力。生动、有感染力地总结经验，加大思想教育力度，烘托历史场景，注重对革命文献等的利用。如太平天国的《天命诏旨书》中的"男将女将尽持刀""同心同胆同杀妖"之类的词句，陈玉成、石达开等人壮烈牺牲时的言辞等。

历史教学论文与教学总结虽然关系密切，但毕竟还有不同。教学任务是依照教学大纲要求，依据课文内容，完整地、全面地讲给学生，各部分不可过详过简。对教学过程所做的总结，也自然受到制约，基本上需是全面总结。论文则有所不同，除全面总结性作品之外，可选择某一特定环节、章题、段落，选择整个教学过程的某个侧面，加以研究总结，形成论文。也就是说，论文比起总结来，有更大的灵活性、选择性、伸缩性，能更深更广地进行探讨。可以认为，论文是在总结的基础上的知识的优化过程。论文源于总结，论文高于总结，这主要表现在以下三个方面：

第一，在理性认识上，亦即在理论分析上，论文比总结有所提高。对一堂课或一章节的讲授，是较为成功还是缺点很多？不仅要从实践角度总结提高，"下次讲课注意"，而且要分析其优劣成败的原因及条件，如史实掌握是否准确、熟悉？理论认识是否正确、深刻？教法是否科学、得当？把个别零散的感性认识上升为完整系统的理性认识，使其具有普遍意义，用来指导一般情况。

第二，在对象范围上，亦即就哪些内容进行论述上，论文较总结有所跨越或扩展。总结一般只以本章节或本教学阶段为对象，论文则可前后对比，左右勾连，使历史问题得到进一步阐明，从而比教学总结增大了知识广度与科学深度。例如，可对太平天国、义和团、辛亥革命这三次中国近代史上革命高潮，从社会背景、群众发动、斗争策略、历史意义等方面比较分析，论述从旧式农民起义发展演变为资产阶级民主革命的机制与规律。又如，可对英国资产阶级革命、北美独立战争、法国大革命进行比较，分析其各自不同的产生条件、共同性质以及各自的历史效果。再如，对1848年法德革命、英国宪章运动、《共产党宣言》诞生等这些分散在不同章节与课时的“1848年大事”汇总论述，找寻本质联系，互相促进，也可论述教师曾是怎样分别讲述，而在复习总结时又是怎样从联系发展中来认识历史的复杂性与统一性的。这就是说，论文可以而且应当不为教学总结的框架所拘束，可以适用逸出教学总结的范围。当然论文也可比总结更加收缩，更集中、精粹、深入有效。

第三，在社会效应上，亦即在所写出的作品的影响上，论文应比总结贡献更大。从个人总结、教研组评议总结直到校际优质课观摩总结，多数情况是就课论课，就师论师，很实际也很富实效，但局限性也很明显，带有班级、学校、地区特点，反映相应水平。论文则面向社会，在刊物上发表自不待言，即在本县、区经过评审、选编成册的文集，也可成为以“社会”为读者对象的文献资料。对这些无定价、非卖品的内部参考文章，绝不可以轻视，它们能摆脱“出版难”的各种障碍而发挥效益。很多“油印本”的教育教学资料，被各大图书馆所珍视、搜集，付之馆藏。中学历史教师撰写的历史论文，为教学交流提供参考，对社会阅读做出了贡献，不但推动了历史教学的发展与提高，也为历史科学的总体建设贡献了一份力量。

第二节　研究性学习教学案例

一、研究背景

新课程的实施为我国基础教育的改革和发展提供了广阔的空间和厚实的载体。但新课程的实施，也给我们一线的教育工作者带来了不少的困惑。新课程以全新的教育教学理念指导基础教育的改革和发展，没有任何现成的经验，需要一线的教育工作者不断摸索、总结。

在日常的教育教学实践中，教师要努力学习新的教学理念，认真备好每一节课。历史课堂正在发生着可喜的变化，课堂的气氛活跃了，学生学习历史的兴趣提高了……以华东师范大学出版社版的历史教材为例，其最大的特点是打破了历史的学科体系，教材变得丰富多彩，学生爱看了。在内容的安排上，充分发挥学生的能动性，努力让学生们动起来。

在华东师范大学出版社2006年版七年级上历史教材第六课《商鞅变法与社会革新》中，教材中除了介绍秦国通过商鞅变法逐步发展成为战国七雄之最，还告诉了学生积极支持商鞅变法的秦孝公死后，商鞅就被惠文王以“谋反”的罪名“车裂”杀死，但新法还在继续实行。学生们对这一史实表现出极大的困惑和兴趣。教材安排了一节探究性学习：商鞅变法成功了，那么商鞅是成功的，还是失败的呢？学生们的反映特别踊跃，为了更好地培养学生的能力，于是要求学生们回家通过可能的途径寻找历史资料，用史实来支持自己的观点。学生们都做了认真准备，在教师的引导下，对这一问题展开了半个多小时的讨论。

二、研究过程

师：同学们，上节课我们一起学习了《商鞅变法和社会革新》。商鞅变法使秦国迅速地发展起来，很快成为战国七雄之最。但是商鞅的命运却是悲惨的，被惠文王以“谋反”的罪名“车裂”而死。商鞅变法是成功的，这毫无疑问。那么，在同学们看来，商鞅是成功的，还是失败的呢？

学生一：我认为商鞅是成功的。因为一个人的成功，在于看其作为，而不是结局。虽然商鞅最后遭遇“车裂”而死，但是他的新法还在继续进行，并且秦的国势在新法的实施中日益强大，成为战国七雄之最，为秦的统一奠定了基础。战国初年，秦国僻处西北，国势不振，被东方各国轻视。秦孝公即位以后，重用商鞅，让他主持新法，国力大增，军队的战斗力大大增强，不仅收复了失地，还成为战国七雄之最。如果没有了商鞅，秦国不可能在变法中收效如此之大。商鞅虽死，但他变法的目的已经达到。

学生二：我不同意这样的说法。我认为商鞅变法是成功的，但是商鞅是失败的。商鞅虽然实现了他的人生目标，让秦国强大，但是他自己却惨遭“车裂”,他之所以这样,是因为他只会做事情,不会谋人。比如在他最有实力的时候,应该与太子和好,为自己以后的生存留点后路。这样做不仅对自己有利,更对秦国进一步的发展有帮助,也就不至于以后被五马分尸。从中也可以看出当时商鞅的人际关系很糟糕,秦孝公一死,商鞅的地位一落千丈,被诬陷为“谋反”。

学生三:是啊,商鞅最大的失败是他挽救了秦国,却没有能够挽救他自己。

学生四:我不同意你们的看法。商鞅被秦孝公赏识、器重,这本身就是对自己人生价值的最好证实,所以说他是成功的。商鞅推行新法的目的就是使秦国强大起来,而事实证明商鞅变法使秦国获得了极大的发展,哪怕是商鞅含冤而死,他的目的已经达到,对他而言是成功的,更何况他死后,新法依旧实行。

学生五:我认为商鞅是成功的,因为变法的目的就是富国强兵,既然新法实施了,他的心愿就已经达到了。他虽然死了,一提到新法,人们就会想到商鞅,他死而无憾了。有人说他应该和太子处理好关系,可以更大限度的实现他的理想。但是,我们应该看到商鞅变法之时,太子就反对新法。

学生六:商鞅变法是成功的,商鞅做人也是成功的。首先商鞅有创新精神。商鞅自小就受到法家思想的影响,但他在秦国变法期间,没有完全学习李悝的主张,而是从实际出发,如实行耕战政策。当时许多政治家在各个国家进行变法,然而只有秦国的效果显著,其中重要的原因就是商鞅能从秦国的实际出发,制定了一系列行之有效的办法。其次商鞅具有斗争精神。在推行新法中,不免会遇到许多困难,但他敢于同旧势力做斗争,历史上许多的改革家之所以失败,并不完全是改革的内容不符合实际。有的方案甚至很理想,但一触犯权贵,就不敢再进行下去,使改革成为纸上谈兵。商鞅却能够以极大的勇气推行变法,不畏权贵,不达目的誓不罢休,又能体现出商鞅是个有胆识与魄力的人。

学生七:商鞅变法是成功的,商鞅也是成功的。商鞅是个正直无私的贤能之人。他为了实现秦的统一,提出了变法,更为可贵的是言出必行,老百姓对他很是信任,因此秦国实力大增。商鞅虽然惨遭不幸,被“车裂”

而死，可他的理想实现了啊。商鞅的成功和他的死亡应该是没有关系的，商鞅变法的成功也就意味着商鞅的成功。

学生八：我认为变法是成功的，商鞅却是失败的。他当时完全可以做一下手脚，不让太子做秦王，自己也不会这样惨死。有句话说得好啊，人不为己，天诛地灭。他知道自己和太子有仇，还让太子登上了王位，这不是自找死路，这样的人太愚蠢了吧？

学生九：商鞅是不成功的，商鞅为秦国做出了这么大的贡献，可是最后还是被五马分尸，所以说是不值得的。有的同学认为商鞅应该与太子和睦相处，或者废黜太子，但我们必须看到，第一，太子已经被人利用，根本不可能听商鞅的；第二，太子的位置因为嫡长子继承制，是不可以替换的。

学生十：我个人认为商鞅变法是成功的，商鞅通过变法使秦国迅速地强大起来，给旧贵族以致命的打击，促进了封建经济的发展，巩固了封建统治。经过多年的努力，秦国强大起来，收复失地，扩充自己的土地范围。但是商鞅是失败的，新法的实施得到很多人的拥护，但是却遭遇到了旧贵族的反对，太子更是极力反对。商鞅当时想处理太子，但因太子是王位的继承人，不能处理太子，只好处理太子的两个老师，太子对商鞅肯定没有好感，虽然商鞅为秦国做出了很大的贡献，也不会让太子领情的。商鞅没有及时化解与以太子为代表的旧贵族的矛盾，而是出门总带上卫兵，保护自己。以后的日子里，太子即位，立即把商鞅五马分尸，商鞅悲赴黄泉。商鞅最大的失误是没有很好的化解与太子等人的矛盾。

师：刚才很多同学都提到了太子与商鞅之间有矛盾，在这里想问一下大家，太子和商鞅有没有共同的利益？他们之间有没有合作的可能呢？

学生十一：老师，有。商鞅变法的目的是为了秦国的强大，惠文王作为秦王更希望秦国强大。他们个人有一些矛盾或者说是误解，但是他们有着最大的共同利益，就是为秦国的强大。所以我认为商鞅和秦惠文王是可以好好相处的，共同为秦国的发展和强大做贡献。

学生十二：商鞅是个很有争议的人物，有人说他是成功的，也有人说他是失败的。依我看，商鞅是一个“聪明”的失败者。商鞅变法为秦国打下了坚实的基础，使秦国富国强兵，雄立东方，由此可见商鞅的智慧，但是他的聪明却没有很好的用到自己的身上，秦孝公时期，他是一个“宠儿”，虽然和太子、大臣不和，但有秦孝公的支持，没有人敢碰他。秦孝公死后，可怜的商鞅便如流星般陨落，太子即位之后，他便被杀害。不管商鞅多么的有才华，却没有保护好自己的性命，这不能不说是一种悲哀。可以说商鞅是个哈雷彗星式的人物，但人们是不会把他忘记的。

三、教师说课

半个多小时的热烈讨论告一段落，但是这场讨论留给我们的思考还在继续。

秦国通过商鞅变法走向了强大，并最终消灭了六国，建立了中国历史上第一个统一的多民族国家。但是，商鞅的命运却是悲哀的，被惠文王以“谋反”的罪名处死。商鞅变法作为中国历史上一次影响深远的改革必将被永载史册。就商鞅个人而言，是成功还是失败呢？通过同学们深入地讨论，商鞅是成功还是失败也许不再重要。因为通过讨论可以让我们明白，生命只有一次，我们没有理由不珍爱生命。其次，实现一个远大的目标应该是人生价值最好的诠释，但一个目标的实现可以选择不同的方式，做人或许也应该有点技巧。说到这里，我不禁想起我国古代的圆形方孔钱，外圆内方。正如有同学所说的那样，商鞅如果可以和太子很好的处理彼此的分歧，不仅可以保全自己的性命，还可以为秦国做更多的事。因为商鞅和惠文王有着伟大的、共同的目标：为了秦国的强大。

当我把同学们的发言整理成文字时，我不禁问自己，这是初一的学生吗？在讨论中，同学们非常漂亮的语言表达，能很好运用学过的历史知识，还有在发言中展现出的智慧和思想，真的让人惊讶。这实际上是摆在我们教师面前一个重大的课题，一个个如此聪明可爱的孩子，我们应该怎样把他们培养得更为优秀？这也更有助于我们理解国家为什么要花大力气推动和实施素质教育。作为工作在教育一线的教师来说，只有努力学习，更新教育教学理念，才能不愧教师这一光荣的称号。

在开展研究性学习的过程中，我们有着自己更多的思考。这样的教学方式对学生的能力培养，历史情感教育，正确价值观的养成确实具有重要的作用。如果我们在日常的教育教学活动中坚持这一教学方式,培养了学生的能力,实现了历史的教育功能,那考试时我们怎么办?如果不对教育教学评估体系进行改革,这样研究性教学方式充其量只是点缀或者说是作秀。

第五章　课题研究——教学研究的方向性

课题研究旨在解决教育教学中存在的现实问题，探索可行性策略，具有实践性、行动性和针对性的特点。教师在教育教学实践中，发现了有研究价值的问题，于是把问题转化成研究课题，在展开调查文献分析，进行学习的基础上，确定研究的内容和目标，选择恰当的方法、手段开始研究。在这个过程中，教师教学理念不断更新，教学技能不断提升，专业知识不断拓宽、深化，探索精神不断增强，从而实现专业发展。

第一节　选题：坚持问题导向

课题研究主要来源教育实践中遇到的某些问题，需要通过研究来解决这些问题。研究的课题可以来源于自己的教育实践，这是比较理想的研究课题，但是，从选择课题的“捷径”来看，可以先从他人的研究成果那里获得启示。当研究者不知道研究什么主题时，可以参阅相关的教育著作，看别人在做什么研究，这种研究有什么进展，是否留出了需要进一步研究的问题。

研究者可以从不同研究管理机构或部门的“课题指南”中获得启示。各个地方都有教育科学研究管理机构或教育科研规划领导小组，这些研究管理机构或部门会定期或不定期地发布一些教育科研“课题指南”。研究者可以根据自己的专业兴趣和实际条件从这些“课题指南”中选择某个“课题意向”，然后逐步将这个“课题意向”转化为具体的研究课题。

对中小学教师来说，研究的主题应该是一个具体的问题，尽量避免研究“宏大”的课题。

表5-1　2018年度安徽省教育科学研究项目立项

重点项目(10项)

项目名称	主持人	主持人单位	完成时间
“互联网+”背景下中职学生创新创业能力培养体系研究	李旭辉　吴涛	安徽财经大学 蚌埠市第五中学	2019.12
基于智慧学习空间的中小学英语教学实践研究	赵杰　赵明	安徽省教育科学研究院 合肥市第五中学	2020.07
地区智慧教育应用云平台公众满意度调查	许之民　刘磊	安徽师范大学 淮南市电化教育馆	2020.06
整合STEAM开发高中生物实验课程的实践研究	顾涛　聂刘旺	安徽师范大学附属中学 安徽师范大学	2020.12
皖北农村初中学生欺凌防治措施研究	雷霖　倪文军	亳州市谯城区华佗中心中学 亳州市谯城区教育局教研室	2021.01
义务教育优质均衡发展背景下农村小学内涵式发展行动研究	凌云龙　张双根	池州市青阳县杨田镇中心小学 池州市青阳县庙前中心小学	2020.06
智慧课堂环境下高中历史学科家国情怀教育研究	方海霞　张东锋	合肥第八中学 合肥市庐江县庐江中学	2021.08
基于翻转课堂的语文“整本书”阅读教学的实践研究	魏志军　俞璐	马鞍山市第二十二中学 安徽省教育科学研究院	2020.06
核心素养视域中思想政治活动性课程的实践研究	张立华　程琦	马鞍山市第二中学 合肥市第六中学	2021.10
基于混合编班的藏汉学生数学思维对比研究	刘丽　董建功	芜湖市田家炳实验中学 芜湖市教育科学研究所	2021.06

一般项目(100项)

项目名称	主持人	主持人单位	完成时间
基于SPOC与翻转课堂2.0共融的中职教育教学质量提升体系构建	李学兰	安徽科技学院	2020.08
以国培机电为契机,构建职业学校“双师型”教师培养模式研究	徐兆淑　张华	安徽科技学院	2019.05

续 表

项目名称	主持人	主持人单位	完成时间
面向智能化时代探索职业院校教学模式改革	刘茹　方涛	安徽能源技术学校	2020.05
基于优秀传统文化传承视角的小学小古文教学实践研究	吴红松　王世梅	安徽农业大学 合肥市琥珀小学	2020.07
积极心理学视域下高中思想政治核心素养培育策略研究	丁学武　李凯	安徽省教育科学研究院 淮北市教育局教研室	2020.02
贫困地区初中阶段留守儿童体质状况的体育教学干预研究	吴桥　鲍苏云	安徽省教育科学研究院 淮南市教学研究室	2021.09
高中通用技术课程融合安徽省地方传统工艺的教学实践研究	胡敏　王振强	安徽省教育科学研究院 阜阳市第三中学	2020.08
基于新课标的数学建模能力评价的实践研究	胡涛　沐方华	安徽省教育科学研究院 合肥市第一中学	2020.12
残疾人中高职教育课程体系衔接研究——以省特教中专学校3+2电子电器专业为例	温圣强　陈芳	安徽省特殊教育中专学校 安徽城市管理职业学院	2019.06
安徽青少年思想道德现状调查与教育策略研究	叶荣国　荣梅	安徽师范大学	2019.12
普通高中教学文化培育与创新研究	范代红　查晓虎	安徽师范大学第二附属中学 安徽师范大学	2020.12
幼儿园教师家庭教育指导能力及提升策略研究	张更立　谢康	安徽师范大学	2020.06
农村普通高中学生职业生涯规划教育研究	程六三　王为民	安徽师范大学附属复兴中学 安徽师范大学附属中学	2021.06
基于核心素养的诊断性测评在高中英语阅读教学中的设计和应用研究	王万元	安徽师范大学附属中学	2020.10
基于语文新课标实施高中生文化认同教育的实践研究	唐俊　陈绍平	安徽师范大学附属复兴中学	2020.08

续　表

项目名称	主持人	主持人单位	完成时间
安徽省中小学体质健康测试中的问题和对策	王芳　叶世俊	安徽师范大学	2019.04
中学生社会责任感培育机制研究	胡吉芬　陈谨	安徽医学高等专科学校	2021.08
“微时代”青少年社会主义核心价值观培育路径研究	张筱荣　胡志杰	安徽中医药大学 合肥市五十中西校	2020.05
地理实践力视域中的本土地理课程资源开发研究——以安庆市为例	余维　张理华	安庆石化第一中学 安庆师范大学	2020.05
高中学科拓展性校本课程的开发实施与研究	汪永林　胡振中	安庆市第二中学	2019.08
基于语文核心素养培养的高中语文校本课程研究	朱唐林　袁良忠	安庆市第二中学	2021.04
普通高中高考综合改革应对策略之研究	徐伟中　袁春生	安庆市第九中学	2020.12
基于生物与地理学科核心素养的自然研学课程开发及活动开展的探究	金久　陈群鹰	安庆市第一中学	2021.08
基于高中生“家国情怀”核心素养培育的教学改革研究	葛满玲　曹锋	安庆市潜山中学	2021.03
系统化实施小学生诚信教育的策略研究	叶轻风　陈祖梅	安庆市桐城市北街小学	2020.09
乡村小学“三点半后”综合实践活动研究	叶东辉　杨敏	安庆市桐城市范岗镇学区管委会 安庆市桐城市实验小学	2020.12
基于学生核心素养培育的校园特色文化(方苞文化)课程开发研究	余克尚　齐毅	安庆市桐城市江淮工业学校	2021.07
基于思维发展的高中生语文写作评价研究	汪成林	安庆市杨桥中学	2019.07

续 表

项目名称	主持人	主持人单位	完成时间
义务教育阶段(7-9年级)学生史料实证能力培养的实践研究	马蔚　王昌成	蚌埠市第三十一中学 蚌埠市教育科学研究所	2020.06
校园足球对青少年成长影响的实证研究	刘善训　谢秀东	蚌埠市教育局 蚌埠市第十八中学	2019.12
新时代中学思想政治工作落实“立德树人”任务的实践路径研究	王德立　沈怀侠	蚌埠市第一中学	2020.11
基于学科核心素养的普通高中英语教学策略研究	王玉峰　刘保卫	蚌埠市怀远县怀远一中 蚌埠市五河县教学研究室	2019.12
思想政治课智慧教学探索与实践研究	吴徐汉　陈晓妹	蚌埠市教育科学研究所 蚌埠市第二中学	2020.12
基于WTL形式高中数学深度学习的行动研究	史嘉　佟广付	亳州市第一中学	2020.10
基于预习任务单背景下的生本课堂——改革小学语文课堂教学模式的创新实践和探究	徐继承　杨学红	池州市青阳县蓉城镇中心小学 池州市青阳县蓉城镇第一小学	2020.06
基于“互联网+”业务背景下会计教学体系的创新研究	李非	滁州技师学院	2020.06
小学数学绘本教学的实践研究	李翠梅　顾斌	滁州市凤阳县教育体育局	2020.10
幼儿园食育教育的问题及对策研究	马红梅　窦祖红	滁州市南谯区教育体育局 滁州市第二幼儿园	2020.06
基于课堂观察的校本研修策略研究	王永青　彭宏清	滁州市全椒县实验小学	2020.06
基于学生核心素养的高中语文思辩性阅读教学策略研究	徐玉宇　李锐	滁州中学	2020.04
基于核心素养下的初中美术校本课程单元化实践研究	黄磊　马留贵	阜阳市颍泉区教研室 阜阳市第二十中学	2020.11

续　表

项目名称	主持人	主持人单位	完成时间
本土资源与自主游戏深度融合，培养幼儿家国情怀的实践研究	胡名　王芳	阜阳市颍州区教研室 阜阳市颍州区王店镇幼儿园	2019.09
信息化时代基于企业需求的中职服装专业教学与实践的研究	邵素侠　季学慧	阜阳现代职业教育学校 阜阳市教育科学研究所	2020.11
基于核心素养的新时代乡村教师培养研究	王莉娜　赵从义	阜阳幼儿师范高等专科学校 阜阳师范学院	2019.12
基于统编教材的小学写作教学框架的建构与实践研究	王昌珍　劳维喜	广德县教体局教师发展中心 广德县桃李园学校	2020.12
基于任务驱动的小学语文习作导写的实践研究	周恒　杨立新	合肥高新区社会事业局教研室 合肥市庐阳区教体局教研室	2019.11
建构特色化与融通性相统一的校本课程体系的实践研究	季媛媛　陈平	合肥市稻香村小学	2020.06
新高考背景下普通高中学校学生生涯规划课程建设的实践研究	夏怀东　徐洁	合肥市第十七中学	2020.06
高中语文智慧课堂教学模式应用研究	蒋信伟　张蓓蓓	合肥市第一中学	2020.12
培养高中生英语书面语言表达能力的实践研究	杨玉乐　王德美	合肥市第一中学 合肥市教育科学研究院	2021.09
基于学生语文核心素养提升的初中语文综合性学习实践研究	丁忠书　郑清芬	合肥市琥珀中学山庄校区 合肥市五十中学新校天鹅湖校区	2020.06
高中物理单元教学中培养核心素养的案例研究	陶士金　方林	合肥市教育局 合肥市巢湖市第四中学	2020.04
基于品牌塑造的学校文化建设研究——“启明教育”的实践与探索	张红　许治初	合肥市师范附属小学	2020.08
小学校园欺凌早期干预的实践研究	赵俊　刘燕	合肥市师范附属小学	2020.08
基于“课例研究”的区域初中英语教师研修创新模式研究	李红　蒋道华	合肥市蜀山区教体局 合肥师范学院	2020.06

续　表

项目名称	主持人	主持人单位	完成时间
博雅学堂:小学立德树人的教学实践研究	胡昕　戴忠玲	合肥市屯溪路小学	2020.05
大数据驱动的高阶思维教学实践研究——以初中数学为例	章蓓蓓　夏飞	合肥市五十中学新校	2021.06
深度学习理论在小学数学课堂教学中的应用研究——以归纳推理为例	王朝兵　钱昌胜	合肥市长丰县岗集镇张庙小学 合肥市长丰县岗集镇中心学校	2020.08
环巢湖乡土德育课程资源的校本化开发研究	王良胜　王宏生	合肥市巢湖市第一中学 合肥市巢湖市第三中学	2021.08
公平视角下的安徽农村基础教育资源配置问题研究	杜启明　伍德勤	合肥学院	2019.06
自然材料在农村小学美术课程中的运用研究	王树刚　王永军	合肥学院	2019.10
“证据推理和模型认知”在高中化学教学中的应用研究	黄子超　谢天华	淮北市濉溪县第二中学	2021.02
大数据背景下安徽省中职学生精准资助政策绩效评估研究	张丽　尉成超	淮北师范大学 淮北市教育局	2019.12
以数学游戏为载体落实小学数学核心素养的教学实践研究	桂大森　袁媛	淮北市第三实验小学	2020.04
新高考背景下基于生涯教育的选科指导行动研究	李伟　李乐峰	淮北市第一中学 淮北市教科所	2020.09
基于“数学实验室”的直观想象能力培养的创新研究	张森　杨洁	淮北市濉溪县城关中心学校	2020.05
基于核心素养培育的生活中化学实验开发研究	刘文　郑文年	淮南市第二中学 淮南市教学研究室	2020.10
基于“校地协同,全程实践”背景下的中小学心理健康教师培养模式探索	张建兴　高平	淮南师范学院	2019.12

续　表

项目名称	主持人	主持人单位	完成时间
基于高中核心素养下以“学历案”为载体促进深度学习的研究	孙静　褚军	淮南市第三中学 淮南市教学研究室	2020.12
基于“3+1”管理模式的山区乡村全寄宿制学校建设的实践研究	胡海铭　程鹏志	黄山市祁门县凫峰中学 黄山市歙县绍濂中心学校	2020.11
情感教学在初中教学中的应用探索	汪海彬　王艳	黄山学院 黄山市第五中学	2020.06
“互联网+”背景下中职德育课高效教学的研究	王学宏　徐孝才	六安市霍邱工业学校	2020.12
小学低段语文综合性学习的策略研究	卢洁　陈军	六安市城南小学	2020.08
新高考模式下物理学科选课指导及教学改革的实践研究	陈家新　李家生	六安市霍邱一中	2021.06
初中英语教学中培养文化品格素养的实证研究	王灵敏　殷俊	马鞍山二中实验学校 马鞍山市第八中学	2021.03
中职电子商务专业技能竞赛与实践教学的整合研究	陶宇星　吴晓东	马鞍山职业技术学院	2020.12
基于理解的逆向教学设计在高中语文教学中的应用研究	鲁峻　郭俊	马鞍山市第二中学	2020.09
基于核心素养的数字化实验与高中化学教学有机融合的研究	裴传友　马善恒	马鞍山市含山县第二中学 合肥市第六中学	2020.02
基于“SECI”与信息技术相融合的教学策略研究	朱玉腾　程光安	马鞍山市含山县环峰小学	2019.12
幼儿园主题课程与自主性游戏融合的实践研究	王方敏	马鞍山市马钢一幼	2021.03
新高考背景下“选课走班”的实施与管理研究——以铜陵市一中为例	朱卿　毕茂荣	铜陵市第一中学	2021.04

续　表

项目名称	主持人	主持人单位	完成时间
基于儿童适性发展的“优秀传统文化拓展性课程”建设的研究	谢桂平　钱娟	铜陵市人民小学	2020.06
核心素养下小学绘画与写作融合课程建设与应用的实践研究	王艳　刘先文	铜陵市实验小学	2020.12
中小学综合实践活动教师专业发展的调查研究	方铁铮　奚家福	铜陵市示范性综合实践基地	2019.10
基于“生活大课堂”走班模式的培智教学创新研究	查来军　赵群	铜陵市特殊教育学校	2020.08
培智学校义教与职教衔模式的实践研究	毛君梅　胡莹	铜陵市特殊教育学校	2019.12
基于项目式学习的新生态学校建设研究	张骋　芮良敏	铜陵市新城小学 铜陵市教育局教研室	2020.06
基于“互联网+”下小学数学作业研发与运作的实践研究	车文胜　杨俊岭	芜湖市教育科学研究所 芜湖市镜湖小学汀棠校区	2019.07
以教研团队力量推进区域义务教育内涵式均衡发展的行动研究	谢树能　王俊	芜湖市镜湖区教育局	2020.12
STEM教育与高中数字化实验教学融合研究	唐棣　冯正午	芜湖市第十二中学	2020.05
基于语文学习任务群的项目课程开发与实施研究	辛卫华　张晋	芜湖市教育科学研究所 芜湖市第十二中学	2020.06
初中生数学核心素养培养的差异性研究	潘玉宝　孙斌	芜湖市南陵县教研室 芜湖市南陵县丫山初级中学	2020.01
基于皖北普通高中的研学旅行活动实施策略研究	王敏　张嘎	宿州市第二中学	2020.06
指向语言能力素养培养的高中英语三维语法教学案例研究	侯姝琛　杨娜	宿州市教科所 宿城一中	2020.12
小学生汉字书写能力的现状分析及对策研究	丁长征　张晓婷	宿州市教科所 宿州市第九小学	2019.10

续　表

项目名称	主持人	主持人单位	完成时间
小学数学课程传统文化理解与传承的实践研究	方少杰　沈南山	宿州市灵璧县教育体育局教研室 合肥师范学院	2020.11
中职学校现代学徒制试点过程中工匠精神培养研究	丁美龙　凤其羽	宣城市工业学校	2021.08
基于科学思维培养的物理教学研究与实践	陈志军　程国荣	宣城市绩溪中学	2020.07
基于职业教育仿真思维的经管类专业实训基地建设及管理研究	李凌寒　凤艳	宣城职业技术学院	2019.08
中职人文素质教育与职业技能培养的相容性研究	高霏霏　窦本洋	宣城职业技术学院	2019.05

第二节　过程:教学研究并进

课题研究对促进历史教学有积极作用。课题研究的作用主要体现在:能让教师的历史教学有明确的方向;能提高教师的多媒体运用水平;能提高学生的各种综合能力;能激发教师的工作热情。课题的开发、实施活动是根植于师生的教学实践,与师生日常教学行为紧密联系,着眼于真正解决教学中的根本问题。它既是一座舒缓的专业引领的桥梁,也是一条带动同伴互助的纽带。

一、课题研究:历史学科核心素养在史料教学中的研究

(一)研究原因

党的十八大明确地提出“把立德树人作为教育的根本任务”,党的十九大进一步强调“落实立德树人根本任务,发展素质教育”,这些要求必须全面落实到普通高中课程方案和课程标准之中。2018 年 1 月教育部颁布

的《普通高中历史课程标准(2017版)》提出了适应时代变化的核心素养，对历史学科与时俱进地进行改革，结合学科特点提出了“历史学科核心素养”。唯物史观、时空观念、史料实证、历史解释和家国情怀是培养学生历史学科核心素养的内容。其中史料实证是其他四个历史学科核心素养得以达成的必要途径和方法。

学习历史不仅仅局限于学习历史知识，更要学会如何认识历史和解释历史，而史料是通向历史认识的桥梁。通过史料对历史史实进行考证，从而形成正确的历史解释，还原真实的历史。新课标对学生提出的新要求是掌握如何获取史料、如何分析史料、如何理解史料以及如何运用史料。鉴于此，该研究旨在历史学科核心素养提出的大背景下，探讨什么是史料实证，史料实证和史料教学有什么不同，在实际的教学工作中如何培养学生史料实证的核心素养。历史学科核心素养是指学生在学习历史过程中具有历史学科特征的思维品质和关键能力，是历史知识、学习能力和学习方法的有机结合。因此，史料教学就成为了培养学生历史学科核心素养的一个重要途径。目前，国内对历史科学核心素养的研究才刚刚起步，相关研究的专著有：

何成刚：《史料教学的理论与实践》，北京师范大学出版社2015年版。

相关主要论文如下：

何成刚：《历史核心素养的提炼与培养》，《历史教学》2016年第11期。

张华中：《基于实践的历史学科核心素养体系刍议——以普通高中为例》，《历史教学》2015年第17期。

严明贵：《例说概念教学在历史学科核心素养培养中的重要意义》，《中学历史教学参考》2016年第5期。

王黑铁：《历史理解——中学历史学科核心素养之“核心”》，《中学历史教学》2017年第1期。

陈超：《历史学科核心素养的构成与培养》，《福建教育学院》2016年第1期。

本课题研究建立在对中学历史学科核心素养的理论学习之上，结合淮北市实验高级中学历史教师的课堂教学实践，通过历史教学案例，进行规律性的总结，拓展中学历史教学思维。以“理论学习——案例分析——改进教学”为基本流程，注重理论学习，收集原生态案例，期冀对老师进行既有理论高度，又有细节引导，具体而微的指导和服务，促使课堂教学质量的发展与提高，因此具有重要的实践指导意义。

本课题通过对教学案例的深入剖析，总结经验，形成规律，迁移推广，供广大中学历史教师们学习借鉴。

（二）研究目标

1.适应新课程改革的需要

课堂教学是实施课程改革的主要阵地和主要途径，要践行新课程的理念，将新课堂的蓝图变为现实，必须在实践操作层面进行，通过史料教学来提升学生核心素养。这就要求我们在史料教学上进行深入研究，以提高教学水平，促进教师专业成长。

2.探寻高中历史史料教学的方法

在高中历史新课程的背景下，探索史料教学的方法。一线教师最急于得到的帮助就是对其教学行为的具体指导与服务，本课题立足于课堂，以课堂中发生的“史料”作为研究的案例，由此生成的经验、教训、规律、认识等必将对中学一线教师产生较好的引领作用，必将有效地提高教学水平。

3.有效衔接高校与中学历史课堂教学

高校在史料研究方面具有大量的科研成果，为中学历史教师提供了众多的材料，这在一定程度上弥补了高校历史研究和中学历史教学实际之间的脱节问题，从而实现高校科研成果与中学历史课堂教学有效衔接。

（三）研究资料

1.《普通高中历史课程标准（2017年版）》。

2.有关历史教学类和教学艺术类书籍几十册；有关“历史学科核心素养在史料教学”的研究论文、研究报告一百多篇。

3.中学历史教学类专业杂志《历史教学》《历史教学问题》《中学历史教学参考》《中学历史教学》《课程·教材·教法》《基础教育课程》《中学历史地理教与学》等。

4.有关历史学科新课程改革的网站：例如“中学历史教学园地”（www.zxls.com）、“人民教育出版社课程教材研究所——高中历史”（www.pep.com.

cn/gzls/index.htm)等。

(四)研究方法

1. 文献研究法:钻研史学理论与新课程理论,阅读历史著作,并以此为指导,从相关的历史论文及课例中提取有效信息,归纳整理,分类分析。

2. 行动研究法:本课题并非理论研究,而是教学实践研究,因此我们更多的是采取课堂听课,与执教老师共同探讨,组织撰写案例,对案例进行分析研究,总结规律,向有关老师反馈,在教学中验证等一系列的形式进行行动研究。

3. 调查访谈法:及时收集师生及专家对专题教学的反馈信息,并据此适时修正、完善研究方向与研究方法。

4. 经验总结法:对课堂教学案例、信息反馈情况进行分析,并在此基础上总结研究过程,形成研究成果。

(五)实施步骤

本课题将按照《立项申请书》中制定的研究计划执行:

1. 前期准备阶段(2017年11月至2018年2月)

2017年11月至2018年2月是本课题研究的前期准备阶段。我们主要做的工作是组织申报和收集有关研究资料。首先确定研究课题和相关子课题,明确研究分工。同时开始收集研究资料(包括网上搜索文献资料、学术专著、专业杂志上的研究论文等),并撰写开题报告草稿,制定初步的实施方案。

2. 第一阶段:实验研究阶段(2018年3月至2018年8月)

本阶段需要开展的主要工作有:

(1)修改并充实完善开题报告。由课题组负责人夏东平、王九红老师负责起草,征求课题组成员意见,这项任务计划于2018年3月完成。举行开题报告会,邀请淮北市教研室专家对本课题的研究进行指导。会后填写《淮北市教育科学规划立项课题开题报告》。

(2)制定《实验研究阶段(2018年3月至2018年8月)实施方案》。由课题组负责人夏东平、王九红老师负责起草,经课题组全体成员讨论后上报。

（3）继续收集有关“基于历史学科核心素养在史料教学中方法研究”的资料。通过购买相关学术资料、订阅专业杂志、互联网搜索等多种途径收集有关资料。

（4）按照“历史核心素养、史料教学、课堂教学完善”等教学环节进行分组，分别由刘春利、付欣、陈朋朋、黄秋瑾、梁松等老师负责。

（5）布置并完成课题作业，学习研讨历史核心素养，优化史料教学环节。结合自身的教学实践说明最初的设计意图，反思出现问题的原因，提出解决方案。在此基础上，编写课题简报，整理课题资料。

（6）通过研讨历史核心素养、史料教学设计等多种形式，探讨历史学科核心素养在史料教学中的应用，探索高中历史课堂教学的操作办法。

（7）将上述研究成果整理汇总并撰写阶段性工作总结，填写《淮北市教育科学规划立项课题报告》，编写《“历史学科核心素养在史料教学中的研究”实验研究阶段成果汇编》，作为阶段性成果上报给上级主管部门。

3.第三阶段：教学实践与总结阶段（2018年8月至2018年11月）

在前期研究工作的基础上，构建新课改背景下历史课堂史料教学的结构形式，提高历史课堂教学水平。本阶段需要开展的主要工作有：

（1）制定《教学实践与总结阶段（2018年8月至2018年11月）实施方案》，由夏东平、王九红老师负责起草，经课题组全体成员讨论后上报。

（2）继续收集有关“历史学科核心素养在史料教学中的研究”的资料。

（3）再次组织课题组成员外出开展教学交流活动，通过听课、评课等多种交流形式，丰富本课题研究的内容，拓展本课题的实践空间。

（4）将上述研究成果整理汇总并撰写阶段性工作总结，编写《“历史学科核心素养在史料教学中的研究”理论总结阶段成果汇编》，作为阶段性成果上报给上级主管部门。

（5）到2018年11月，对已经完成的课题成果加以必要地整理汇总，课题组组长将对课题组成员的结题任务完成情况进行检查。在此基础上撰写本课题的结题报告。

（六）研究成果

历史学科的核心素养主要是指学生在学习历史过程中具有历史学科

特征的思维品质和关键能力，而这些品质和能力，不是一蹴而就的，是在教师科学方法的正确指导下，学生在学习历史的过程中逐步形成的，是历史知识、能力和方法、情感态度和价值观等方面的综合表现，集中体现了历史学科的育人价值。如学生知道戊戌政变中，谭嗣同拒绝逃亡这一知识有什么意义？学生对谭嗣同会有什么历史认识？这就涉及如何在时代背景下结合人物的具体材料，运用正确的历史观对人物进行定位与评价，如何正确解释人物的言行，以及从中获得的历史教训和经验。把历史人物放在一定的时代背景下进行评价，主要是培养学生时空观念的历史学科核心素养；结合具体的材料，主要是培养学生史料实证的历史学科核心素养；运用正确的历史观，目的是让学生树立唯物史观，正确解释人物的言行，培养学生历史解释的历史学科核心素养；通过对历史人物——谭嗣同的认识，从中获得历史教训和经验，用历史人物感染学生，培养学生家国情怀的历史学科核心素养。

历史学科核心素养是人文素养的重要组成部分，是学生在接受历史教育过程中逐渐形成的基本知识、能力和方法、情感态度和价值观等的综合表现，是学生通过历史学习能够体现出的带有历史学科特性的品质。历史学科核心素养有五部分内容，主要包括："核心理论（唯物史观）、核心思维（时空观念）、核心方法（史料实证）、核心能力（历史解释）、核心价值观（家国情怀），形成了一个相对完整的整体。"其中研究、学习历史要有一定的史观作为指导，唯物史观是学习和探究历史的核心理论和指导思想；时空观念是了解和理解历史的基础，是认识历史所必备的重要观念，任何历史事件都发生在一定的时间和空间范围之内，不能脱离一定的背景而孤立存在；史料实证是学习历史和认识历史所特有的思维品质，是理解和解释历史的关键能力与方法，历史事件都发生在过去，要想了解历史真相必须通过一定的桥梁，而这个桥梁便是史料；历史解释是在形成历史理解和认识的基础上对历史进行叙述的能力，是检验学生的历史观和历史知识、能力、方法等方面发展水平的主要指标，历史解释即通过对史料的分析阐述历史结论；人们常说"读史使人明智"，历史给人以经验和教训，家国情怀是学习历史和认识历史在思想、观念、情感、态度等方面的重要体现，是实现历史教育育人功能的重要标志。

历史学科核心素养的五个方面并不是孤立存在的，它们之间有非常密切的联系。培养学生的核心素养要注意它们之间的联系性，唯物史观是灵魂，是诸核心素养得以达成的理论保证；时空观念体现了学科本质，是历史学科有别于其他学科的重要特征；史料实证是途径和方法，是认识历史的纽带；历史解释是对历史思维与表达能力的要求，以史料为依据对历史进行解释，还原历史的本来面目；家国情怀是价值目标的体现，旨在通过诸核心素养的培育，从而达到立德树人的要求，使学生在感受和学习历史过程中形成一定的情感。

史料即“历史资料”或“历史材料”，是研究和学习历史的基本素材。人类对历史的认识离不开历史材料，历史材料是我们通往过去，了解过去的媒介，是人类在历史发展过程中遗留下来的痕迹，我们一般都是透过材料来认识历史。历史叙述必然要有所依据，而这里所说的“有所依据”即由史料提供。由此可见，史料就是认识历史、解释历史的资料，包括文字资料、实物资料等。在历史学习中运用史料，体现了历史学科的特色。历史学的研究主要是依据史料进行的，就如同自然科学必须要进行实验一样。因此，史料对于历史学习有不可替代的作用。

作为高中历史学科核心素养重要内容之一的史料实证，有着很丰富的内涵。从培养学生观念的方面来说，学生应通过历史学习认识到，史料是认识历史的载体，要培养实事求是，“有一分材料说一分话”的实证精神。从教会学生学习历史的方法角度来说，知道不同类型的史料并能够准确判断不同类型史料的史学价值，以及初步学会准确解读不同类型史料的方法，初步辨析不同类型史料的真实性并判断是否能作为可靠的史料来论证结论。运用史料进行教学是中学历史教学常用的方法，并结合多种教学方法，在教学实践中灵活使用，来帮助学生掌握基础知识，从而教师完成教学任务，学生完成学习任务。史料教学不同于史料实证，史料实证比史料教学对教师和学生的要求更高，史料教学就是教师搜集史料，学生阅读史料，教师带领学生分析史料，最后论证教材上的内容，从而使学生记忆并充分理解历史史实。史料实证不单单重视教学的结果，更加重视教学的过程，以便更好地培养学生的实证精神，使学生学会辨析史料，判断一则史料的真假，进而使用可靠、真实的史料得出正确的历史结论，还原历史真相，并不是为了论证某个结论，把史料硬套上去。

基于以上的认识和学习，课题组取得的成果汇报如下：

1.史料教学的科研成果

本课题组在课题研究过程中，形成了系列科研成果，其中夏东平老师和王九红老师多篇论文在省、市级期刊上发表；夏东平老师、刘春利老师和邵中技老师等在2017年安徽省中小学教育教学论文评选中均取得优异的成绩。

夏东平老师的论文《说出来的精彩——以〈鸦片战争〉说课为例》发表在《中学政史地》2018年第3期。

夏东平老师的论文《试论历史课堂教学设问的有效性——以“从蒸汽机到互联网”为例》发表在《青海教育》2018年第10期。

王九红老师的论文《提升学生历史学科核心素养的史料教学实践初探》发表在《淮北教育》2018年第4期。

夏东平老师的论文《以教学立意整合教学的内容》获得2017年安徽省中小学教育教学论文评比二等奖。

邵中技老师的论文《秦朝选用啬夫的到底是谁?》获得2017年安徽省中小学教育教学论文评比二等奖。

2.史料教学的教学运用

课堂教学应以学生为主体，充分发挥学生的主动性，调动学生的学习兴趣。史料拓展以史料教学为基础，以“学生发展为本”为教学理念，在历史教学过程中对史料的搜集、呈现、运用以及解读等方面进行挖掘与拓展，从而促进学生“历史学科核心素养”的形成。因此，史料拓展是对史料教学的补充和延伸，是史料教学的发展。这是史料拓展与史料教学的不同之处。实际上，高中历史教学中的史料拓展，不仅仅是指在高中历史教学过程中对史料本身进行拓展，更是以历史唯物主义理论和历史教育教学理论为指导而进行的历史教学活动。既要合理拓展史料的来源，对相关史料进行筛选、阅读、比较、分析、归纳等综合处理，又要引导学生主动地从史料中获取历史信息，促进师生对史料的更深层次的挖掘与运用，并且拓宽对史料的呈现方式。

随着课题研究的不断推进，课题研究的成果也逐步显现。如何将课题研究的成果服务于历史教学,是我们一直努力的方向。本课题组成员积极将课题研究成果运用于日常的教学过程中,取得了丰硕的教学成果。

刘春利老师,获得2017年安徽省高中历史优质课大赛一等奖和2018年淮北市“讯飞杯”中小学微课大赛活动二等奖。

夏东平老师,获得2017年安徽省高中历史优质课大赛二等奖和2017年淮北市教育信息化大赛一等奖。

付欣老师,获得2016—2017年度“一师一优课、一课一名师”活动“省级”优课和2018年淮北市“讯飞杯”中小学微课大赛活动一等奖。

3.教师的专业发展

随着教学改革的深入和历史教学目标的不断变化,教师对学生的能力培养、思想教育也出现了新的变化。要想适应历史教学的新发展,教师就要不断提高自己的历史基本素养和专业化技能。因此,要做到史料拓展,历史教师应做到以下几点:

首先,史料拓展要求教师按照历史课程标准进行教学设计。教学设计的过程,也是教师自主学习和再次认识历史的过程。历史教师在进行教学设计前,要先掌握历史教科书中的相关知识,并且对历史教学的重点和难点进行分析,只有这样才能全面实施教学。

其次,历史教师在设计教案时,必然要依据教材进行史料的搜集和查阅,充分认识教科书中史料选择的用意和目的,并且对知识进行清楚和细致的讲解。史料的收集和查找,建立在教师平时广泛阅读和日常积累的基础上。史料拓展的过程中,需要教师以历史教育、教学理论为指导,合理拓展史料的来源,比如关注考古发掘的新史料、网络资源中史料的最新内容、史学家对历史的最新解读等方面。

最后,历史教师需要对查找到的相关史料进行筛选、归纳、比较和分析等处理,从中获取与教学设计相关的历史信息,做到对史料的重新认识和解读。筛选、甄别的过程,尤为体现和锻炼教师的专业素养。教师需要对搜集的史料进行筛选,就要运用史学考证的方法,利用书本内的史料,发现问题,求得证据,以达到正确运用史料的目的。在找不到主要证据的条件下,以史学理论作为判定是非的根据,对其进行分析,这样才能保证史料的准确性和典型性。史料拓展离不开对史料的搜集、阅读和理解,同时也使教师面临新材料、新问题和新挑战。教师在重新进行教学设计时，要不断思考，摒弃以往的教学案例，不再套用陈旧的教学案例。同时，通过查找和拓展史料，激发了教师的创新意识和探索能力，运用相关的史学理论及方法，藉以不断提升其专业素养和教学能力。

课题研究不仅促进历史教学水平的不断提高，同时也带动了教师的专业发展。在淮北市第四届骨干教师评选中，课题组的夏东平、刘春利和梁松老师被评为淮北市骨干教师。

（七）反思展望

将史料实证能力的培养研究放置于历史新课程改革的前沿背景之下。从激发学生学习历史的兴趣、拓展和深化学生对历史的认识、培养学生历史思维能力及促进学生学习方式的转变等四个方面分析了史料实证能力培养的重要意义。

《历史学科核心素养在史料教学中的研究》课题从申报、立项到结题，历时一年半的时间。在淮北市教研室专家和淮北市实验高级中学领导指导和帮助下，课题组成员认真学习课题研究的方法，大胆进行教学改革的尝试，不断总结研究成果，促进教师专业发展。虽然课题已经结题，但是我们仍要借助高中历史新课程改革的东风，不断学习创新，更好地服务于中学历史教学。

第六章　素质教育——促进学生全面发展

现代教育论认为，人的发展在本质上是一种通过实践不断自我建构的过程。这就是说，作为教育对象的学生，是为了满足自己身心发展的需要而上学求教的。他们只有找到自己在教育活动中的准确位置，接受教师对他们的各种积极影响，才能实现自己的愿望。

按照社会实际需要以及学生身心发展规律，教师要用自己的知识、技能和思想品德方面的言行去诱导、影响学生，不断满足他们成长过程中复杂的、多维的、客观的身心素质发展的需要。尊重学生就是要“让每个学生都抬起头来走路”，这是教育的原则，也是教育的目的。因此，在教育过程中，要以尊重学生的人格和感情为基础，不践踏学生的心灵。苏联著名教育家苏霍姆林斯基指出：“在影响学生的内心世界时不应挫伤他们心灵中最敏感的一个角落和自尊心。

第一节　科技创新：注重学生个性化发展

青少年科技创新能力的培养是至关重要的，它是青少年不断向前发展和完善自我的基础。青少年创新意识培养势在必行，创新意识具备了，才能做出更好的作为。培养青少年创新意识是社会发展的前行动力，前瞻性特质明显。从实际角度出发，通过青少年科技活动所涉深度和广度进行拓展，养成创新意识的同时创建创造性人格，创建优质创造能力培养氛围等去提升青少年科技创造能力，强化其创新意识。

一、淮北市濉溪老城石板街的开发研究

在了解老城石板街历史背景的前提下，提出对老城石板街进行开发研究。运用文献法、调查法等科学方法，通过查阅资料、走访、问卷调查等形式收集石板街的有关资料，并进行科学分析。系统整理濉溪老城石板街的历史文化资源，科学分析石板街现存状况特点，凸显老城今日的“尴尬”，合理构设老城未来的美景。对石板街遗址的开发提出建议，汇集地方特色，打造特色文化一条街，实行立体旅游开发，加大宣传力度，招商引资。

（一）问题提出

老城石板街，东至老濉河西岸，西至关帝庙巷南头，全长一公里，街宽五米。街面青石铺砌，光滑如镜。其建筑古朴典雅，呈明清风格，由清末民初绅士周俊哲主张修建，现为县级重点文物保护单位。

由于石板街工程浩大，动用民工数千人，牛车数百辆，石料上万方，历时数月铺就而成，使之口子集（濉溪老城前身）更加喧嚣繁华，商贾纷至沓来，店铺林立。一些久居于此的老街坊回忆，过去的石板街布满了酒坊，作坊中的热酒一出炉，络绎不绝的沽酒者便纷纷前来，那沁人心脾的酒香也随着长长的吆喝声弥漫整个老城。

抗战时期，在日寇的铁蹄下，石板街损毁了不少建筑。淮海战役时也没能躲过战火的洗劫。新中国成立后，石板街成了县城的经济中心，供销社、百货公司、新华书店、戏园子、商店等都聚集在街道两旁。十年“文革”时期，濉溪老城里的各种牌坊、阁楼、关帝庙均被破坏。20世纪70年代后期，机关单位陆续迁往濉溪新城，石板街便逐渐失去了往日的喧嚣与繁荣，逐渐被城市所边缘化。

石板街作为濉溪历史发展变化的见证，是百年濉溪文化的积淀。然而，现如今那些宝贵的传统文化正在因为各种原因一点点消逝。鉴于石板街所具有的历史价值及开发价值，现针对老城石板街的开发进行研究。

(二)研究方法

采用文献法、调查法等科学方法,通过查阅资料、走访、问卷调查等形式收集石板街的有关资料,并对其历史及现状进行整理分析。

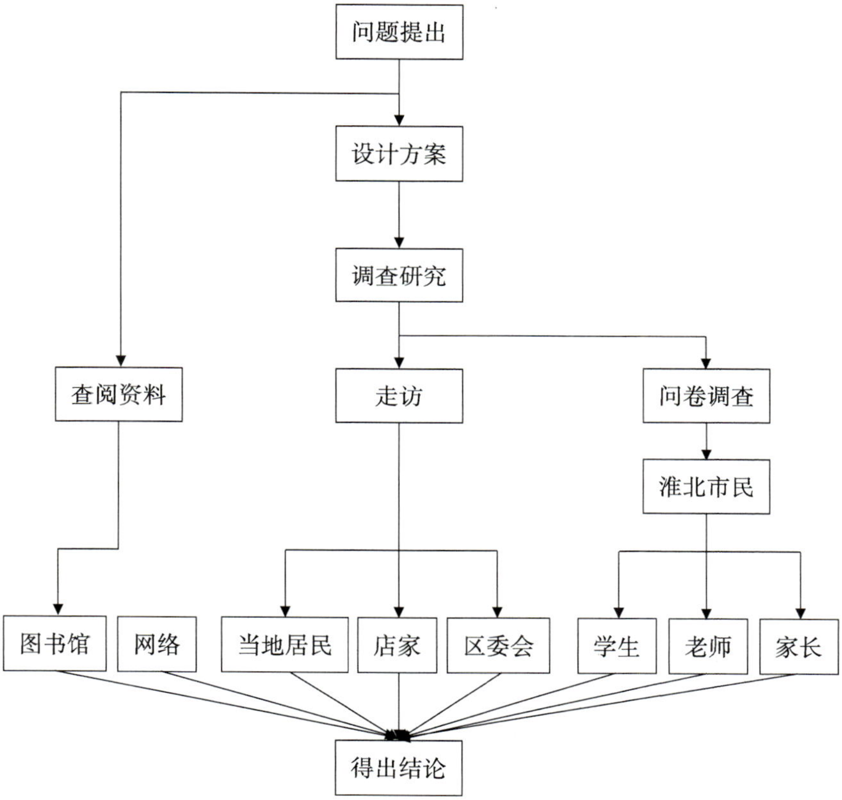

图6-1　濉溪老城石板街开发的研究路径

(三)研究结果

1.濉溪石板街历史文化资源

(1)影视剧拍摄

石板街作为濉溪历史发展变化的见证,是百年濉溪文化的积淀。2003年8月,由中央电视台、淮北市委宣传部、淮北市广播电视局等联合摄制的20集电视连续剧《大姐》就是以老城石板街为主要场景拍摄的,后来又相继拍摄了《大哥》《父亲》《大嫂》等影视剧作品。

(2)名人轶事

①七十二步上天梯

老城东首的当典巷,巷口南高北低,向南步步登高。相传,站在巷口高处,隔墙北望,可见相山古庙的前大殿门楼。“天梯”尽头有一平台,雕栏护围,可容纳数百人。时人登高览物、演出聚会、节日盛典多在此举行。由于路为土基,行人步履践踏,泥土聚结为梯,恰为七十二级,故称。

②三山夹一井

石板街水巷南头,有一古井被三座屋山土墙夹持,山墙耸峙,水井幽深,形成“三山夹一井”奇观。由于沿街众多井水苦涩难饮,唯有此井水甘甜爽口,有人说此井与“龙泉”一脉,居民皆饮用此井水,故汲水者络绎不绝,致使小巷长年潮湿不干,水流成阴,形成老城有名的“水巷”。

③月牙桥

月牙桥位于老城民主巷东端。此处有一小溪穿街而过,溪上卧有半块青石碾盘,状如月牙,光滑如鉴,趣称“月牙桥”。桥下溪水潺潺,溪边杨柳依依。每月上弦,新月如钩,月牙桥下,浮光波动,地月天桥相映成趣。

④九道弯

九道弯为石板街一古巷名称,位于东段北侧。蜿蜒数百米,通向后街北门,巷内弯道有九,故称九道弯。小巷幽深,迂回曲折,沿巷而行,时而如游迷宫,时而豁然开朗,令人有“山重水复疑无路,柳暗花明又一村”之感。

⑤历代名人甚多

一代鬼才,恃才放旷,享有“小李白”之称的杨益鲁(外号杨红眼);帝王之师丁彦俦;开明绅士周俊哲;仕宦乡绅吴香圃等均在石板街居住过。

(3)特色小吃

①王憨子油茶

王憨子原名王新从,他精心研制的油茶在老城小吃群中独领风骚。油茶是濉溪小吃中的滋补精品,王憨子不憨,在经营中广泛听取食客的意见,认真琢磨,反复实践。每天早晨或傍晚上市,响亮的嗓音回荡在石板街,引来众多客人,每到旺季前来喝油茶的顾客,走了一拨又来一拨,大都高兴而来,满意而去,众多的回头客带来了生意的红红火火。

②老城辣汤

相传乾隆在下江南时，路过此地，感到肚子饿了，恰好路边有一位老太太在煮鸡汤，乾隆就坐在路边喝了一碗，感到很香，汤里还有麦仁，乾隆却不知这麦仁是鸡没洗干净留在鸡肚子里的。于是，乾隆就问老太太："这是啥汤?"老太太年龄大，耳朵也背，没听清楚，就重复了一句："啥汤?"乾隆就误认为这汤的名字就叫"啥汤"。后来这个名字就叫开了，现在在濉溪人们都叫"啥汤"，又因为汤的味道鲜辣，有的人又称之为辣汤。

③丁家壮馍

丁家壮馍是家喻户晓、人人喜爱的地方美食。据第五代传人，现年已91岁高龄的丁尊贤老师讲述，受旧时男尊女卑封建思想观念的影响，制作技术传男不传女，男人身壮有劲，由此得名壮馍。丁家壮馍在当地有较高的知名度，每天的壮馍销售量都很好，往往供不应求。

2. 濉溪石板街现状分析

(1)建筑物破败，年久失修

由于石板街经过战争和"文革"时期的破坏，街区整体破坏严重，无论是店面商铺还是住房都呈现破败的景象。有的窗户已破碎，红漆木门褪去颜色，甚至门板掉落，墙壁掉灰现象时有发生，小广告随意粘贴，路标牌也倾斜着无人知晓，最严重的是过去光滑如镜的青石板路面也坑坑洼洼，给当地居民带来不便。

(2)古文化消逝，无人传承

通过当地老人的叙述，过去的石板街十分繁华，杂货店铺、酒肆茶社、油画艺术、银楼书坊应有尽有。特色美食如老城油茶菜包、阎家羊肉汤、王家冰糖、丁家壮馍等闻名遐迩。然而，现在的石板街空空荡荡，许多店铺人家关门走人，文化特产无人传承。再加之新城的开发，老城更加无人光顾。

(3)无人居住

只有老人们还在眷恋着祖祖辈辈生活过的老街，不愿离去，但原住居民大都搬到新城，年轻人住在老街的更是少之又少。

3. 数据分析

根据问卷的调查结果分析可知，现今人们对老城的历史及现状了解甚少，老城今日处于十分尴尬的局面。但是，在提到对石板街的修复保护时，大多数人认为是有必要的。若是将其纳入旅游业发展，64%的人会去观光游览。这说明，对老城石板街的开发是有必要的。

（四）提出建议

1. 汇集地方文化，打造特色文化一条街

（1）汇集茶馆、酒肆、戏楼、画坊、粮店、布店、银楼及各种杂货店铺。

（2）将花鼓戏、泗州戏、琴书、纺织画、刻绫画、泥塑李等特色艺术元素加入其中。

①泥塑艺术是我国历史上悠久的民间艺术，随着现代经济的发展，泥塑艺术的传承受到严峻考验。现今家住老城的李正卿，是一位热衷泥塑艺术研究和创作的老人，也是淮北市非物质文化遗产传承人。

②泗州戏旧称"拉魂腔"，是安徽四大地方剧种之一。它具有深厚的群众基础和丰富的文化底蕴，以优美的唱腔，动听的旋律，唱响淮河两岸，大江南北。今天在淮北地区仍有传承。

③刻绫画是画家贺馥女士在民间剪纸基础上与版画等各类绘画艺术的结合，在创作题材和内容上加以深层拓展，并在材料、技法、装裱上加以突破的一种艺术表现形式，其表现手法是刀刻，非剪；是绫，非纸。画面突破了剪纸的尺寸、表现内容的局限性，不仅有版画、国画的视觉效果，也有着装饰画的特殊美感，应该得到传承。

（3）将淮北各种特色美食容纳其中。如：口子酒、口子糕点、老城油茶、丁家壮馍、老城羊肉汤、临涣棒棒茶、烧饼、烙馍等。

①口子酒产于淮北市濉溪县，系浓香型白酒。口子酒酿造历史悠久。据传，战国时期，宋国迁都相山，曾大量酿造白酒。口子酒历时千年，素有"名驰冀北三千里，味占江南第一家"之誉。口子酒入口味道甘美，酒后心悦神怡，素有"隔壁千家醉，开坛十里香"的美誉。

②口子糕点品种多，质量好，销路广，是濉溪的土特名产之一。口子糕点是人们爱吃食品，更是馈赠亲友的好礼品。

③老城油茶是滋补佳品。其口感滑腻油润，略感糊口，且酥油香气浓郁。在老城街内仍有王家油茶在经营。

④濉溪小吃中丁家壮馍至今已有200多年历史，在濉溪的饮食中堪称一绝，以其“色味纯正，香脆可口”闻名遐迩。

2. 实行立体旅游开发

对石板街周围环境进行治理，包括老濉河、龙圣寺、乾隆湖等地。

旅游路线：石板→龙圣寺→乾隆湖

具体措施：

旅游第一站：老城石板街

老城石板街，东起老濉河西岸，西至关帝庙巷南头，全长一公里，街宽五米。街面青石铺砌，光滑如镜。其建筑古朴典雅，游客可欣赏老城青石板道路及古朴建筑，欣赏泗州戏、刻绫画、泥塑李等特色文化，品尝“啥汤”、油茶、口子糕点等特色小吃。

旅游第二站：龙圣寺

龙圣寺寺域开阔，建筑浩繁。旅客在此可以接受佛教文化的沐浴，让心灵更明净博大，也可以在龙圣寺烧香拜佛，祈求一生平安。

旅游第三站：乾隆湖公园

濉溪县乾隆湖旅游风景区位于县城东南侧，区内地表形态各异，水面深浅不一，土质肥沃，植被繁茂，水质优良。湖面碧清荡漾，湖岸垂柳依依，自然环境优美。夏季种满塘荷花，秋季设置挖掘园，使游客体验挖莲藕的乐趣。公园内部有“美人鱼”和白鹤雕塑还有“惠我南黎”等景观可供游客观赏。

3. 加大宣传力度，招商引资

通过举办美食节、文化节等宣传活动增加老城石板街的知名度。吸引更多的游客前来参观。政府给予优惠政策，鼓励商家在此投资，从而带动老城经济的发展。

（五）收获与感谢

近一段时间的调查与走访增强了学生发现问题和解决问题的能力，增强了学生与人沟通和交流能力，对资料的收集、整理和研究也具备了一定的能力，了解了石板街的历史沿革、丰富的商业价值、古老淳朴的民风、丰厚的文化底蕴等；了解了开发与保护的矛盾关系，并找到其平衡点和解决方案,可谓获益匪浅。同时也激发了新时代的中学生的社会责任感和开发保护古遗址、古文化的强烈使命感。同时也对濉溪文化有了更深的理解,增添了文化自觉和文化自信。

第二节　自主招生:不一样的高招

自主招生是高校选拔人才的一种方式,是高校选拔录取工作改革的重要环节,是深化高等学校招生录取制度改革的重要举措。自主招生通过材料初审、笔试与面试等考察环节并参考高考成绩,选拔高校认为“优秀”的学生。在一定程度上,自主招生体现了高校自身对人才的选拔与评价标准。

一、自荐信模板

自荐信

中国石油大学(北京):

您好!来自……向您报到。

北京,共和国的首都;中国石油大学(北京),新中国第一所石油类的高等学府;经济管理类专业……这一切的一切,都与我的梦想如此的契合,更让我如此的渴望……

为了追逐心中的梦想,我一直在努力!在2013年中考中,我非常荣幸的考取了湖北省重点高中,被誉为“高中状元摇篮”的襄阳市第五中学。在即将过去的高中三年的学习生活中,我的成绩一直名列前茅,努力用自我行动去追逐我的大学梦。在紧张的学习之余,我坚持着自己的兴趣和爱好,在2013年“中国移动校讯通杯”第十三届湖北中小学电脑制作作品评选活动中荣获电脑动画二等奖;在2015年第32届全国中学生物理竞赛中获得湖北省级三等奖。同时,我还积极参加社会实践活动,多次组织班级同学参加“学雷锋”活动,利用周末时间,到市区交通要道,维护交通秩序。我的付出,得到老师和同学们的认可。在2015年,被评为襄阳市第五中学“公益活动积极分子”。

我一直认为，学习和爱好同行，读书与实践同步是丰富自我的好方法。常年在外经商的爸爸，一到寒暑假，总喜欢带上我，和他一起行走在祖国大江南北。在他和叔叔阿姨们聊天中，隐隐约约听到产品成本、波动价格、物流与销售等词语。在平淡无奇的日子中，还有这么多跳动的音符，时刻影响着我们的生活。我总是追着爸爸问这问那，他努力地解释着，我还是似懂非懂。2014年高一暑假，爸爸送我到武汉德勤会计师事务所见习，这次见习让我近距离感受到了经管的价值，会计不只是算账，还有审计，经济合同等。一个多月的实习，我的认真和学习的态度，得到他们的肯定。

读书，给我打开另一扇更开阔的窗。亚当·斯密渴望每个人充分发展自我，从而获得社会整体进步。商品价格自然调整，实现资源配置得当，结果将社会效益达到最佳的状态。凯恩斯不断追逐时代的脚步，不断完善自己经济观点，强调贸易差额对国民收入的影响，主张通过保护政策带来贸易顺差，人为提高投资和扩大就业是实现经济发展不错的方法……一本本书，一位位伟人，一个个全新的角度，不断扩展我的视野，增添着我的好奇。

有人会问，为什么要选择经济管理类专业，为什么要选择中国石油大学（北京）？

选择经管不是我在追求时尚，而是我从小的梦想；选择中国石油大学（北京），是因为石油与工业发展同在，我想更深切感受现代经济跳动脉搏，从而在经济发展中成长自我，实现自我的价值。

中国石油大学（北京），请给我一次机会，我渴望在中国石油大学（北京）学习，让我的理想变得更充实，从而更真实。

申请人：……

××××年×月×日

二、自主招生面试：天马行空的应对之招

自主选拔录取考试一般都由笔试和面试这两个部分组成，在日益关注考生综合素养的今天，面试变得更为重要，像厦门大学、中国海洋大学等

只有面试,没有笔试;而在复旦大学的自主选拔录取中,笔试只是作为资格准入考试,而面试直接决定你是否被录取,就是高考分数也只是作为参考。由此可见,面试变得越来越重要。

但大部分高校在其自主选拔录取简章中却说,面试是为考查考生综合素质,无须刻意准备,事实果真如此吗?翻阅近几年自主选拔录取的面试试题,还是不难发现自主选拔录取面试题还是有某些规律可循的。通过如下的总结和分析,希望对今后参加自主选拔录取的考生有所帮助。

解答手册:诚实应答、实事求是

针对题目:关注考生的成长历程

自主选拔录取目的就是选拔优秀的人才,学子的成长离不开自我不断完善以及来自家庭和学校的教育,而学子的成长历程和经验也成为各高校的应试题目之一。

试题陈列

2009年同济大学面试题:如果学习中,你发现一位你不喜欢的老师,你如何处理?

2010年同济大学面试题:你在家做不做家务?

2010年湖南大学面试题:有人说,小学是人间,中学是地狱,大学是天堂,你是怎么看的?

2010年复旦大学面试题:如果以后发现很多人都比你优秀而失去了优越感,你会怎么样?

试题分析

这些问题看起来随意,甚至没有什么深度,往往有的考生在面对这些问题时"一笑而过",心生疑问,自主选拔面试就这么简单?那也太儿戏了吧!

儿戏了吗?非也。首先,以复旦大学面试题为例,抛开热闹,说说门道。别人比自己优秀,首先要分析别人优秀所在,再反思自己存在的问题,因为在学习生活中,我们追求的不是一种优越感,而是一个通过不断学习从而实现自我的成长。同样,"你在家里和爸爸关系好还是和妈妈关系好",这个问题可不是在挑拨你和父母的关系,实际上是在帮助你认识父母性格中的哪些方面值得你去学习，又有哪些方面值得你在以后成长中反思和检讨的。父母是你人生路上第一任老师，父亲对家庭的担当，母亲对你生活的照顾，有足够的理由告诉你，你和他们都很好。2009年同济大学还没有忘记问“你在家做不做家务”，可不要撒谎，没做说做了，面试老师在后面追加几个问题，诸如你做过哪些家务？哪些家务比较难做？难在什么地方？如此下来，你很快就露馅了。到时候，就不是一个做不做的问题，而是诚信的问题，那可就严重了。

从家走向学校，不一样的环境，一定有着不一样的体会。湖南大学说出不少学生的真心话：“有人说，小学是人间，中学是地狱，大学是天堂，你是怎么看的”。这道题不仅是学生对不同学习阶段的体会，更折射着当下教育存在的问题。中学应试教育严重，而大学四年“天堂”式的学习生活，能不能同样成为你就业和未来发展的“天堂”呢？其实，求学之路，没有天堂，没有地狱，应是一个不断充实与提高的过程。在学校学习，平静的学习中，还是有着各种各样的麻烦。同济大学就问到作为一个学生经常遇到的麻烦：如果学习中，你发现一位你不喜欢的老师，你如何处理？每个老师都有自己的教学风格和特色，喜欢不喜欢，带有浓厚的感情色彩。如果能够耐心听讲，从任何一位老师的身上，学习到的不仅是知识，更是一种对生活和人生的理解。即使都不是，你的宽容与理解，也能提升你做人的胸怀。

解答要领

家中诞生，在学校成长，到社会中成熟。每一步，我们除了感触、感恩，是否还要有所感悟？思考者的价值在此体现。

解答手册：未雨绸缪、个性抒发

针对题目：对大学生活的规划和对未来的思考

爱因斯坦说，每个人都有一定的理想，这种理想决定着他的努力和判断的方向。高三的学子正处于怀抱着梦想的时代，对未来的学习、生活、人生，你思考过吗？各高校已经向你提问了。

试题陈列

2009年上海交通大学面试题：大学毕业后，你面临两份工作：一份专业对口而工资很低，一份专业不对口而工资较高，你怎么选择？

2010年上海交通大学面试题：如果进入交大，交大能为你带来什么？你能为交大带来什么？

2010年中山大学面试题：你准备选择什么专业？为什么？

2010年清华大学面试题：为什么要上大学，是否每个人都应该上大学？

2010年浙江大学面试题："高学历与高素质"是否一定是等号。

试题分析

大学在高三同学们的心目中是多么神圣，因为这正是他们寒窗苦读为之追求的理由。清华大学却非常理性问你：为什么要上大学，是否每个人都应该上大学？是啊，多少高三学生是为了上大学而上学，对期望中的大学向往但迷惘。我要上大学，到大学干什么，不知道！而社会对高学历的追求从另一个方面导致不少高三学生"被上大学"了。浙江大学在2010年有着同样的追问："高学历与高素质"是否一定是等号？大学是人才培养的一种方式，但不是唯一的方式，高学历也只能体现学习的能力，能力与素质是两个不同的概念，能力是一种技能，而素质更多体现在道德要求上。根据自己的兴趣和特长，选择适合自己成长和成才之路，应该比非某某大学不上，显得更为实事求是。

当你有幸走进大学的校门时，是否和上海交通大学的面试题中有着一样的思考：如果进入交大，交大能为你带来什么？你能为交大带来什么？首先，大学能够带给学生的是什么？清华大学校长梅贻琦先生曾说过："所谓大学者，非谓有大楼之谓也，有大师之谓也。"而大师们带给学生的也许不是一个问题的答案，而是思考分析问题的角度和方法。人们常说，今日你以母校为荣，明日母校以你为荣。但是明日的荣耀是建立在大学四年的学习积累之上的。

高中生尤其高三学生一般对大学都略知一二，对于专业的选择，更多是来自父母的意见、就业市场的行情等。中山大学的问题，好像对专业的理解有那么点深刻的味道：你准备选择什么专业？为什么？可以说，大学之选，在于素质培养；专业之选，很大可能性决定未来的职业方向。我们的高中生在这样浮躁社会里，是否能做到坚持理想，找到自己的真爱专业？

大学毕业之后，人生面临着诸多的选择。2009年上海交通大学在面试时，就出了这样一个难题：大学毕业后，你面临两份工作：一份专业对口而工资很低，一份专业不对口而工资较高，你怎么选择？这道题把考生放在生存与发展的十字路口。经过四年的学习和积淀，如果专业对口，将来应该具有更大的发展，但现在生存却受到挑战；工资较高，时下衣食无忧，但隔行如隔山，未来发展将面临挑战。让还在上高中的学生思考大学毕业之后就业的选择，大多数人恐怕压根就没想过。人无远虑，必有近忧。看来，真正优秀的人，不仅有近忧，还能解决近忧，更重要的是具有远虑。

解答要领

人生需要规划，日子需要计划。踏实地走，精彩的活。

解答手册：视角敏锐、有新有变

针对题目：关注社会热点和影响人类发展的重大事件

试题陈列

2010年北京理工大学面试题：你将要写一个中学生使用手机上网的准则，请你用一个关键词或主题词来概括这个准则。

2010年浙江大学面试题：从手机、三农、德与思、美国四个词中任选其一做3分钟评论。

2010年中国海洋大学面试题：全球变暖会带来什么影响？

试题分析

“风声、雨声、读书声、声声入耳，家事、国事、天下事、事事关心。”这句话体现了东林党人对读书人能力与责任的期待。变化着的时代，不变的价值诉求，这些观念依然是当下社会对优秀学子的要求，即要脚踏实地，又能仰望星空。

2010年北京理工大学面试题首先从考生身边事说起，“你将要写一个中学生使用手机上网的准则，请你用一个关键词或主题词来概括这个准则”。中学生使用手机的现象越来越普遍，如何发挥手机的积极作用，减少手机对中学生学习和健康生活的干扰，这是一个让老师和家长们都头痛的问题，中学生们能否自己的事自己解决呢？起草准则是过程，也就是考生对手机优缺点认识的过程，如对中学生手机上网信息和下载内容有更为详细的规定，是否能够减少手机对中学生学习和健康生活的干扰？

社会在发展，思想观念也越来越多元化，不一样的价值观，你该如何面对？2009年同济大学面试题就此展开，“从社会学、经济学角度谈谈你对丁克家族的看法”。丁克家族，高中生可能还略知一二，而社会学与经济学之间区别，对大部分高中生来说比较陌生。难度较高。

下面浙江大学这道面试题则简单一些：“从手机、三农、德与思、美国四个词中任选其一做3分钟评论”。上述四个名词，考生一定有说不完的话，如何通过三分钟的表达，展现你清晰的思路，还不落俗套，还是需要有所思考。《2012》在全球放映时，主人公以及世界各国人民挣扎求生的场景，让人印象深刻。人们开始以更大的热情思考着自身生存环境，谁将会毁灭我们？也许就是我们自己。中国海洋大学的面试题就此发问，既是社会热点，更具有大学自身的特色：全球变暖会带来什么影响？这个问题貌似简单，如果考生能从科学和社会两个角度展开，把这个问题从科学带向人文情怀，一定可以赢得考官的肯定。

解答要领

关注时政，拓宽视野；思考与探讨，提高理性思维的能力；回归问题的原点，体现人文关怀。不仅要了解世界，更要读懂世界。

通过上述分析，不难发现，面对自主选拔录取的面试，还是有很多的功课可以做的，并不是简单的等待。

首先，要有广泛的阅读，面试题涉及社会生活的方方面面，需要考生有着丰富的知识面。考生在高中繁忙的学习之余，多读些经典的名著，还有《读者》《特别关注》等杂志，从而实现个人知识结构多元化。同时要关注社会热点问题。比如中午有时间看看中央电视台的《新闻30分》，也可阅读《参考消息》等，对当今世界重大热点问题有个基本的了解和熟悉。

其次，要培养理性批判的思维。面试题所列举的社会现象多是热点问题，如果你只是将媒体观点简单的罗列，考官肯定对你兴趣不大。关键是从你的视角如何去认识这些问题，你看待问题的视角其实也就反映了你的世界观和价值观。像《南方周末》《南风窗》《凤凰周刊》等杂志对社会热点问题都有不少独到而深度的分析，这样的阅读，能够不断提高自身理性批判的能力。

还有一些细节问题需要注意，衣着和语言要得体，符合高中生的规范，不要过于追求，给考官的一个朴素真诚的印象是很重要的。自我介绍时，体现个人的优势和特色，比如特长和获奖情况都可以。回答问题时，对自己比较熟悉的问题，也不用滔滔不绝，要努力做到鞭辟入里；对待不熟悉的问题，要实事求是，不要硬扯，因为这样会给考官留下不好的印象。针对面试可能出现的问题和情景，考生不妨和老师、同学们在一起模拟，努力做到心中有数，进场不慌，拿分走人。

第三节　高考志愿：生涯规划进行时

现在的高中生生涯意识明显提高，基于学生的未来发展提供志愿填报指导，有利于拓展他们的决策视野，正常应对决策焦虑，减少决策失误。志愿填报指导工作有利于协助学生把握好自己的角色，如通过交流沟通尊重孩子，搜集整理信息，发掘孩子的生涯发展资源等。新高考改革导致诸如赋分制度的变化、批次的改革、大学“标签”的变动等，这些变动都需要学校对其进行解读。社会发展导致诸如契约关系的变化、价值观变迁等职业世界的变化需要学校提供必要的介绍。而对志愿填报的模拟有助于协助学生及早发现生涯教育过程中可能存在的问题并做好高中学业规划。

一、时间限定规则——不同时间填报志愿须注意的事项

对未来大学之梦的追求是高三学子不断前行的精神动力。但志愿填报，则为考生们的大学之梦打上深深的现实主义烙印。在分数面前人人平等的高考录取规则下，你的大学与专业，不是简单的想象，而是需要实实在在的分数，人们常说多高的分数就上多好的院校。由此可见，高考分数与志愿填报之间有着密切的关系。

目前，我国高考志愿填报主要分为考前估分填志愿、考后估分填志

愿、考后据分填志愿，三种填报志愿方式的区别在于填报志愿时间上不同，导致得到高考分数数据准确性也是不一样的，从而决定志愿的填报技巧与方法上也存在相当大的差异。

三种不同的情况，如何做到准确的把握分数，科学的填报志愿，就很具有分析和研究的价值。

（一）考前估分填报志愿

考前填报志愿是风险最大，也是压力最大的填报方式。考生正在全心备考，很难有大量的时间与精力去研究高考志愿。自然填报志愿的工作多是交给父母来打理，家长害怕影响孩子的学习，与考生缺乏充分的交流，最终填报的结果引起考生与家长之间的矛盾，影响考生最后的备考状态。同时，考生填报好了志愿，在后面考试一旦出现成绩下降或上升，考生都会有考不上或者吃大亏的感觉，影响了考生在高考考场上的发挥。实际上，高考的得分与最初估分，肯定还会有不少的差异，容易导致志愿填报中盲目性大，失误较多。所以，在考前填报志愿的情况下，要提前做好一系列的功课，减少风险，坦然面对。

首先要提高估分的准确性。考前估分填报志愿，判断高考得分的依据，主要参考高考前不同规模的两三次模拟考试。模拟考试安排在高三后期，高考前夕，学生已经复习完了所有课程，不大可能有很大的变化，成绩可信度较高。另外模拟考试统一的时间，正规的考场，严格的纪律，很容易制造一种全仿真的高考氛围，让考生从心理上与高考接近，培养考生的“高考感”。

可考生和家长在估计实力时，不能简单地把几次成绩相加，然后得出一个平均值做参考。同时还要考虑，孩子近几次大型模拟考试的成绩，分析成绩总体的稳定性，对试卷难易度的把握。

通过几次模拟考试，考生明确在本地区所处的名次，再根据这个位置来选择相应层次的院校。这种根据现在预测未来的方式不仅仅是考学生的硬件——分数，还考学生的软件，如自信、冒险、自我评估能力等。

在院校与专业的选择上，一种可信度较高且易于操作的办法就是比照近几年你所在中学，与自己同水平的人一般可能考取什么层次的院校。

你在相同档次的院校中，根据个人的兴趣、爱好选择相关的院校与专业。因为一所中学教育教学质量是相对稳定的，自然它的高考升学率在高校稳步扩招下也是处于稳步上升的状态，在这样参照下的选择，胜数较大。

考前填报志愿毕竟依据的是平时学习成绩，而高考的变数很大，万一估分失准，偏差较大，又没能给自己留有余地，就有可能落空，所以填志愿时不要满打满算，要留有余地。需要填报的院校与专业，一定要做到冷热搭配、区域分布平衡。在院校与专业选择上，既有热点地区和热门专业，也要有地理位置偏僻一些的地区和基础性专业。

（二）考后估分填报志愿

对考后估分填志愿地区的考生，考得好只是“万里长征”走好的第一步，而估得准，才是填报好志愿的保证。因此考得如何是前提，估分准确度是保障，填报志愿准不准是关键，三者要有机结合起来。

考生在拿到试卷与答案进行估分时，首先不参考答案，立刻把试题重做一遍，因为此刻脑海中对试卷印象还是比较深刻的，之后在核对答案。对照标准答案分析时，不仅要考虑到答对，还要看答的是否完整，因为少一个步骤或少一个论点，都会被扣分。即使题目出了问题，也可能会得分，因为答题过程中的某些步骤可能是对的。不过，在这种情况下，分数要往低处估一点。为了保证估分的准确性，建议进行多次估分，且有如下的程序：先自己估，然后请老师估，最后考生与老师一同进行估分。

在估分的过程中，要对自己有着清醒的认识，既不能过分低估自己，或者说是“自卑自贱”。考完之后不进行认真分析就认为自己这儿也做得对，那儿也没错，过高估计自己的成绩，填报的大学实际上是“井中月”“水中花”，甚至本该可以考上的大学，也没有了缘分。也有考生认为自己考得不好，不愿意对答案，志愿填报交有家长代劳。实际出来的成绩还不错，眼睁睁看着大学从自己面前溜走。

作为估分，必然有其不准确的问题，这就需要通过高考志愿中院校与专业的合理搭配来解决了。考生在填报志愿中要拉开梯度，在选择学校时，既要选择与你预估分数比较符合的院校，又要留有余地选择往年录取分数相对较低的院校。在填报院校志愿时，既要选择往年录取分差与你的预估分差比较符合的院校,又要选择录取分差比你的预估分差小的院校。在填报院校的专业时,假如对专业的要求不是特别高,那就最好服从专业调剂,为自己增加一些被录取的筹码。

(三)知分填报志愿

知分填报志愿,对于考生来说,不用担心自己估分失误了,每个人都清楚知晓自己的分数和所在地区的排名,从一个方面体现了教育的公平、公正。

与此同时,知分填志愿也存在着不小的风险。知分填志愿最大的问题在于"知己而不知彼","知己"就是你清楚自己的分数、名次、报考的院校;"不知彼"就是无法知晓比你高或者和你一样分数的考生,是否和你有着一样的院校与专业选择,有相同意愿的考生扎堆报考同一所高校,"撞车"就在所难免了。通常会出现的情况是志愿扎堆儿,冷门专业更冷,热门专业更热,使某些热点院校(如在北京、上海等位置优越地区以及热门专业类院校如上海海关学院、南京审计大学等)和热门专业(如金融、工商管理、软件工程等)录取分数线猛涨,落榜率大大提高。另一个可能是造成"断档",一些经济欠发达地区(如甘肃、青海、贵州等)院校和一些冷门专业(如哲学、宗教、历史等)几乎是无人问津。

高分考生可以选择名校的热门专业,但也不一定要非北大、清华不上,也可以适当考虑其他名校的重点专业,因为这些院校在国内排名也是比较靠前。教学条件不错,师资力量强,如此院校和专业实力的完美结合,毕业后的就业前景同样不错。成绩一般的考生在院校的选择上,肯定是没有多少优势可言,所以选择好专业比填报院校更重要。专业的选择不要人云亦云,一味地追逐热门,应结合个人特长和家庭条件选择专业。如工科类专业,就业市场需求一直很旺盛,就业前景很不错。这部分考生虽然分数上了线,但成绩处于下游,在填报志愿时,可以选择历年来生源一般,但就业非常有保障的院校和专业,如农、林、地、矿类的院校和相关专业。

填报志愿时间上的不同,考验着我们对高考分数准确性的把握。随后的志愿填报,就是要针对分数的准确性,对症下药。与此同时,志愿填报中还有若干的误区，则是不可进入的。

报考院校，不是歪打正着，听天由命，而是要学习好高校招生的政策，如高招存在志愿分数级差，志愿分数级差是什么？是指高校在录取第一志愿考生和第二志愿考生时最低录取控制分数线的分数差。即第二志愿考生按减去志愿级差分后的分数作为学校排分来确定录取。高校一般都不拒绝第二志愿考生，但同时会做出一些限制性规定，如“第一志愿生源不足时，招收第二志愿考生”，“预留招生计划5%的名额招收第二志愿考生”，设志愿分数级差。通常级差分在30—50分之间，个别院校高达80分，但也有些高校不设志愿级差。所以一定要把政策研究得清清楚楚、明明白白、真真切切为好。每年，教育部都要求高校在当年高招之前公布招生章程，家长和考生对心仪院校的招生章程一定要仔细阅读，避免自己成为“落井之蛙”。

在专业选择上，不要过于迷恋所谓的“热门”专业，如金融、软件工程、法学等。曾经“热”红半边天的计算机、贸易、英语等专业，在现在的就业市场上，已经成为找不着船的“旧船票”了。就业市场的“冷”与“热”是无法预测的，最好的办法，还是从考生自我的兴趣出发，最爱的就是最好的。

同时，随着国家大学教育的改革，专业概念其实已经越来越模糊，越来越多的学校实行按院系招生，宽口径，厚基础，在大一、大二学完基础课再分专业。如北京大学按理科试验班类、数学类、物理类、化学类、经济学类、工商管理类、公共管理类招生。同济大学按经济学类、生物科学类、电子信息类、环境科学类、机械类招生。

家长在志愿填报中千万不要帮倒忙，不少家长从自己过的桥比孩子走的路还多的人生经历出发，给孩子选择就业好、工作稳定、待遇好的专业，与孩子兴趣爱好背道而驰，导致每次的家庭讨论总是不欢而散。

院校与专业的选择，应从孩子本身的特点和优势出发，多与孩子沟通，引导孩子对自己的决定负责，也是对未来人生的规划与思考。家长要围绕孩子准备报考的学校、专业，去学校咨询、上网查询，多帮助孩子收集一些信息，在基本确定几所院校后，可以带孩子去志愿高校详细咨询，最终确定下大家都满意的院校与专业。

这样做，就可以让我们用理性的思维面对高考志愿填报选择，实现大学与专业双重理想,更为人生的发展寻找到新的大舞台。

二、征集志愿下院校与专业分布的特点

近年来,为满足更多考生上大学的愿望,最大限度地避免滑档,越来越多的省份推行平行志愿。因为平行志愿最大的优势在于考生只要在所在批次填报院校与专业服从,最终都有一个属于"自己"的院校和专业。但弊端也很明显,院校与专业很难符合考生个性化的需求,考生如果坚守个人喜好的院校和专业,即院校与专业不服从,则面临着无学可上的危险。即便如此,每年在高招录取过程中,都有一些院校与专业遭遇征集志愿的命运,不得不通过降分录取来完成当年招生计划。在此,笔者结合近几年安徽省在推行平行志愿过程中的经验,对征集志愿中的院校与专业进行浅析,希望对广大的考生与家长有所帮助。

(一)院校分布的特点

第一,过去属于二本院校,近年来刚划入一本院校:如东北石油大学,更名以前为大庆石油学院,刚从二本院校升为一本。类似的还有西安工程大学、安徽工业大学、安徽理工大学、安徽中医药大学等,这些院校相当长的一段时间里,都在二本批次录取,在被调整到一本院校批次录取后,考生与家长在心理上还有些"水土不服"。另有些刚完成专升本的院校,如贵州理工学院,兰州工业学院、湖北文理学院等,也是相同的性质。

第二,院校总体实力比较强,但所处的地理位置偏远。如新疆大学、内蒙古大学、石河子大学,这些院校均为国家211工程院校,总体实力还不错,近年来国家还针对这些院校推出一对一重点援助计划。但是在安徽省招生每年几乎都需要面对征集志愿的命运。还有老牌二本院校,实力尚可,但因地理位置偏远,导致考生与家长主动选择放弃,如东北电力大学、吉林化工学院、桂林理工大学。还有一些院校,整体实力不强,地理位置偏僻,如楚雄师范学院、河西学院、黑河学院、红河学院,则成为征集志愿的"集中地",也导致一些院校主动减少,甚至停止在安徽地区的招生。

第三,农林、中医、师范类院校,较多遭到考生的冷遇,如福建农林大学、湖南中医药大学、中南林业科技大学、河北师范大学等。以目前求学

和就业环境来看，农林、中医类专业，学习周期长、就业市场压力大。师范类院校众多，每年适龄儿童人数逐年下降，考生想热爱这些专业，也不是一件很容易的事。

（二）专业分布的特点

第一，就业市场的冷门专业。如北京信息科技大学的数学类（数理实验班），北京语言大学的信息系统与信息管理，大连医科大学的公共事业管理，南通大学的生物技术，安徽大学和浙江工商大学的哲学类等。北京信息科技大学、北京语言大学、安徽大学等这些院校不可谓不好，但是遭遇征集志愿的专业，不论是数学，还是哲学都是就业市场上绝对的冷门专业。在目前高考志愿环境下，考生与家长不得不慎重。

第二，中外合作专业，高额的学费，让考生与家长负担不起。如南京航空航天大学的自动化类、交通运输类，河海大学的环境科学与工程类，北京工业大学的计算机类，湖北工业大学的土木工程。这些院校不可谓不好，这些专业也绝对是就业市场的热门。考生与家长为什么还是选择了放弃呢？中外合作专业，一年的学费动辄上万，在加之出国十多万、几十万的学费，考生与家长不得不放弃了。

第三，院校与专业之间不匹配。如长沙理工大学的英语专业，长沙理工大学是由长沙电力学院和长沙交通学院合并而来，优势学科在于热能与动力工程、交通工程等，英语专业非其优势。哈尔滨医科大学的市场营销，哈尔滨医科大学在临床医学方面优势突出，而市场营销侧重于财经类。华北电力大学（保定）的工商管理，华北电力大学主校区已经搬迁到北京，在保定的校区侧重于工科，电力相关专业是其优势学科，工商管理专业显然不是保定校区的优势学科。

高考志愿填报发展到平行志愿不能不说是一次进步，满足了广大考生“吃得到、吃得饱”的需求。但随着高校招生规模不断扩充，高考报考人数持续下降，甚至出现小规模的弃考现象，高等教育已经从买方市场转向卖方市场。考生与家长对高等教育的需求，从“吃得饱”到“吃得好”的转变。如何满足广大考生对院校与专业个性化需求，高考志愿填报方式的改革还是“在路上”。

后　记

一位理性而成熟的教师，具有高适应能力的教师，不但应有能力通过学习相关理论掌控教学情境的变化，做到开放而不随意、生动而不杂乱，还应具有较高的引领课堂的能力。这不仅需要一定的技术，也非常讲究运用恰当的战略战术。如同操作工一样，教师也需要扎实的技术。一名教师是否真正具备了教师职业的条件，根本上还在于教师的内在素质。

首先，需要掌握学科专业知识，即有关所授学科的知识。教师需要有精深的学科专业知识，不仅要知其然还要知其所以然。正如我们平常所说的要给学生一碗水，教师必须要有一缸水的道理是一样的。此外，由于科学知识的发展较快，几年前的说法，几年后也许就是错误的或是不完整的。尤其是历史，随着考古的不断发现，新的史料的出现往往会推翻历史原来的解释。

教师专业素养不仅包括专业知识，而且包括一定的科研能力。只有不断地反思，才能发现个人及他人的优点；只有不断地反思，才能激发前进的动力。把教学过程中的经验和教训加以总结并转化成文字，对教学中遇到的问题进行研究探讨，寻找解决的方法并运用于实际的课堂教学中，在解决问题的过程中不断地完善问题，这事实上就是一份研究报告。

我们在开展研究性学习的同时，教师首先要提升自己的科研水平。比如一名历史教师指导学生如何看待"中国历代皇帝为什么大多短命"这一问题时，如果教师自己没有一定的研究和了解就很难全面地阐述清楚。

每一名教师都有自己独特的风格，有自己的优势。如老教师的优势在于他们对知识的掌握较多，对重点和难点的把握较准。而年轻教师的优势在于他们刚离开大学，所接受的知识和理念较新，对一些现代化的教育技术掌握的较好，如多媒体技术、普通话水平、英语水平等。因此，在同一学校内，教师之间应该加强交流，互相学习。

针对历史内容的特点，除了教师具有感染力的语言描述之外，利用现代媒体技术模拟历史画面，搜寻历史图片和电影资料融合于课件当中是实现课堂生动性和趣味性的“良方”。以此为例，老教师可以负责教学设计，内容的展开和衔接，年轻教师可以负责查找资料，制作课件。

成为一名专业化水平较高的教师并非菩提树下的顿悟，而是一个长期过程。教师必须经过严格而持续不断的学习研究，才能获得并保持专业知识和技能的不断提高。历史在不断地发展，作为历史教师应多对国内外发生的重大历史事件予以一定的关注，将新的信息、新的理念、新的方法传送给学生。将新闻与“旧闻”联系在一起，注重培养学生的学习能力。学生也处在不断地变化当中，今天学生的知识结构、获取知识的途径以及他们的思想观念、价值观与以前的学生又无法比较。现代教师只有针对自己所处的环境状况进行分析才能找到正确的方向。

一轮又一轮的新课程改革让靠“老脚本”过日子的教师被动地接受学习，然后再转为主动的要求学习，最终实现教师的终生专业学习，这是社会发展的必然趋势。社会是不断进步的，教师必须树立终生学习的意识才能永远立于不败之地。